読みなおす日本史

沖縄からアジアが見える

比嘉政夫

吉川弘文館

目　次

はじめに

いまから三〇年まえの一九六九年秋、私はタイ国北西部の山岳地帯、ラオスとビルマ（ミャンマー連邦）の国境に近いヤオ族〈注〉の村、パールアにいました。文部省科学研究費による上智《じようち》大学の「西北タイ歴史文化調査プロジェクト」に参加することができたからです。そこでは、団長の白鳥芳《しらとりよし》郎《ろう》さんをはじめ七名のメンバーが、第一次調査の四カ月間および第二次調査の三カ月間、「ヤオ」を中心に、「メオ」、「アカ」、「リス」など山岳地帯に住む人々と生活を共にしながら、その地域の民族移動の歴史や彼らと異なった文化をもつ人々との交流について、村の人たちから「聞き書き」をしていました。

〔注〕自らを「ユーミエン」と呼んでおり、ミエンとは「人間」を意味します。最近は民族を表すのに「〇〇族」などと言わず、自らの呼称で表現するようになってきました。エスキモー族→イヌイットなど。

自分の生まれ育った国や地域とは異なる文化をもつ人々の生活習慣を知るには、まず、その人たちのことばを学び、話せるようになるということが何よりも必要だと考えます。私たちもタイへ出発する前に、タイ語の基礎を勉強したのです。私たちに熱心にタイ語を教えてくれたのは、その当時慶應義塾大学の大学院に留学してきていたタイ人のナロン・テジャビラボンさんで、むずかしいタイ文字などもていねいに教えてくれました。しかし、そのようなにわか仕込みの勉強では文字どおり〝付け焼き刃〟でしかなく、のちにタイ北部の最初のベースキャンプ、チェンライ県のメーチャンという小さな町で、私たちはやはり、〝ことばの壁〟にぶつかることになります。

まず私たちは、タイの首都バンコク（この呼び名は主に外国の人たちが使い、現地の一般の人たちは「天使の都」といった意味のクルンテープと呼びます）に二週間ばかり滞在して、山地での移動に使う車の手配など、調査の実行計画を練りました。ちょうどそのころバンコクには、白鳥教授と長いお付き合いがあり、メーチャン出身でタイ北部の山地に住む民族のことに詳しいブンチュエイ・スリサバスディさんという人がいて、私たちは彼からタイ北部の人々の生活についていろいろなことを聞くことができました。また、彼のお母さんがそちらに住んでおられるということから彼も調査に同行してくれることになり、私たちにとって心強いことでした。さらに、彼の奥さんはかつて東京で看護婦さんとして働いたことがあり、すこし日本語を話せたことも、初めてタイを訪れた私の緊張感をほぐしてくれました。

当時のバンコクの街は、現在のようなひどい交通渋滞はなく、タイの交通事情に慣れるため、市街で日本と業務提携した現地の自動車会社との契約で借りた四輪駆動車を、調査に同行した鄭仁和《ていじんわ》さん

（当時は上智大学の学生）とで乗り回していました。運転免許とりたての私たちがときどき交差点でエンストを起こし立往生すると、交通整理の警官が車を押してくれるなど、のんびりしたタイの人々の雰囲気を感ずることができました。タイは「微笑の国」といわれますが、胸のところで手のひらを合わせて「サワディー」と挨拶《あいさつ》する習慣は、仏教国タイの人々の心情を象徴するものだと思います。

バンコクの北八五キロに位置する古都アユタヤは、かつて琉球王国との交易があった都であり、ビルマとの戦いで崩れ落ちた寺院などが当時の繁栄を偲《しの》ばせます。その遺跡の城壁に這《は》っている蔓草《つるくさ》の実をなにげなくとって、匂いを嗅《か》いでみると、それは沖縄の八重山竹富島《やえやまたけとみじま》の石垣などに生え、香辛料として使われているヒハチモドキの実の匂いと同じでした。一瞬私は外国にいることを忘れ、沖縄の食文化がこの地とつながっていることに思いをはせました。また、近くのチャオプラヤ（メナム）河のほとりには、一七世紀はじめに栄えた日本人町の跡があって、その遺跡発掘に関わった沖縄出身の歴史家東恩納寛惇《ひがしおんなかんじゅん》の名を記した碑《ひ》があります。日本とタイとの交流の歴史については、当時のシャム王国の将として活躍した山田長政《やまだながまさ》の話がよく知られていますが、それよりも前に、貿易を通じ琉球王国と交流があったことを知る人は多くありません。沖縄の地酒「泡盛《あわもり》」が、タイとの交流のなかで生まれたとする説もあり、泡盛の原料である米はいまもタイからの輸入で、いわゆるタイ米《まい》であることも事実です。

原風景のこと

このような体験や思いもあって、タイを初めて訪れたときの私の感想は、シャムは「なんとなく肌が合う」ということでした。そのことはタイ北部の山地の村に行っても同じで、むしろそれは強くなっていきました。ハイビスカスの花やデイゴの樹など、沖縄と共通の植生《しょくせい》が見られることもその原因かもしれません。しかしそれだけではなく、そこの人々の暮らしのなかに、私の心の中にある「原風《げんふう》景《けい》」につながり、訴えかけるものを感じたせいでもあるでしょう。この原風景ということばを初めて聞いたのは、東南アジアを中心に、文化の核、基層、人間の感性などを探究しておられる文化人類学者の岩田慶治《いわたけいじ》さんにお会いしたときで、それは、自分の故郷の風景であるとか、幼いころに体験した心の奥底に強くしみついている情景とでも言えるもののようです。岩田さんはこの原風景を、文化の基層や核といった要素を探る糸口と考えておられるように、私はそのとき思いました。

人それぞれがもつ原風景は必ずしも単一のものではなく、いくつか重なりあったものもあるでしょう。私の原風景は、まず、子供のころ海辺で漁に出た祖父が帰って来るのを待つ自分と、沖のほうから夕日を背景に祖父の小舟が帆を下ろし櫂《かい》で漕《こ》ぎ寄せてくるようすが、まるで鳥がゆっくり羽ばたきながらこちらに向かって来るのに似ていた、ということです。また、家の縁側《えんがわ》で祖母が地機《じばた》で布を織っていた姿も心に残っており、それも別の原風景といえます。

タイ北部で人々の生活を観察し、あるいは体験していく過程で、私は「あ、これは子供のころ見たことがある。やったことがある」と、なんとなく懐かしく感じるものに幾度か出合いました。そのようなことが、タイを〝肌が合う〟ところと私に思わせたかもしれません。その例をひとつあげてみましょう。

タイの北部、ミャンマーとの国境に近い山地に住むヤオの人たちの村での体験です。ヤオの人たちは祖先を祀《まつ》るときに、他の供物《くもつ》とともに紙銭《しせん》を用意します。紙銭とは、祖先があの世（冥土《めいど》）で使う、紙でできたお金のことです。ヤオの人たちの紙銭は竹の繊維で造った黄色の紙に穴のあいた貨幣《かへい》の形を押したもので、一枚の紙に十数個の銭形が押してあります。この紙銭を焼いて、あの世にいる祖先に届けるのです。「あの世にはこの世界と同じ生活がある」という信仰を示すものといえるでしょう。この紙銭を焼く習慣は、漢民族やその文化の影響を受けた地域ではよく見られるものですが、紙銭の形態はさまざまで、紙に銀箔《ぎんぱく》や金箔を貼ったものや、現在の紙幣に似せて「冥通《めいつう》銀行」の名をつけて印刷したものもあります（図参照）。

歴史的に中国大陸との交流が深かった沖縄の生活にも、この紙銭（沖縄ではウチカビとかカビジンと呼ぶ）を焼く慣習は伝わり、現在でもお盆《ぼん》（沖縄ではシチグヮチなどと呼ぶ）のとき祖先をお送りする儀礼で、祖先があの世で使うお金として紙銭を焼きます。私がヤオの村で体験したのは、この紙銭を造る作業でした。貨幣の型を先端に彫り込んだ金具を紙に打ち付けて造るのですが、沖縄の紙銭も同じ方法なのです。子供のころに、よく親に言いつけられてやった作業を、ヤオの人たちと一緒にするなどとはまったく思いもかけず、とても感動的なことでした。私の原風景につながるものであったからでしょう。その後、中国の福建《ふっけん》省、浙江《せっこう》省、貴州《きしゅう》省など各地を旅したおり、その土地土地の紙銭の形態を注意して見ていますが、ヤオや沖縄の紙銭と似たものにはまだ出会っていません。おそらく紙銭の形態は時代とともに変化し、沖縄の紙銭に似たものは中国の辺境や周辺の民族に残っているの

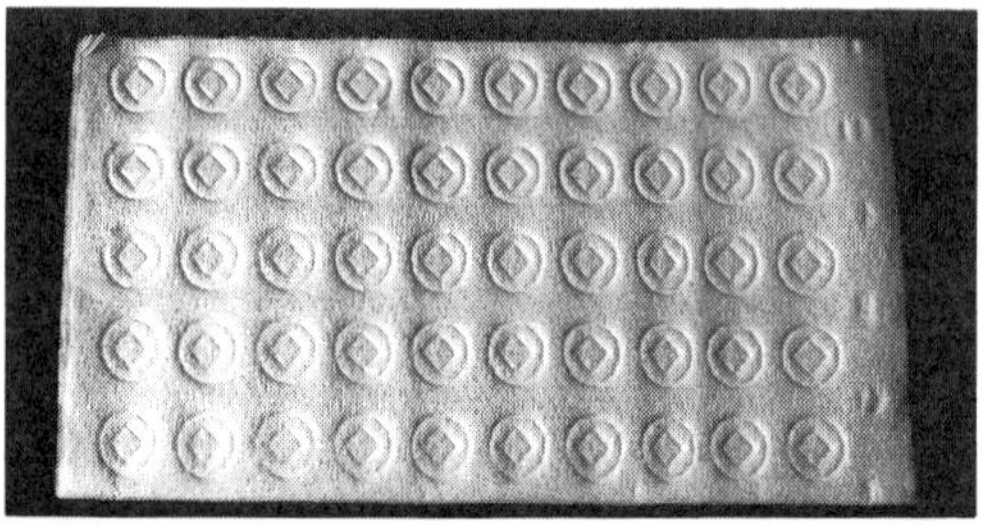

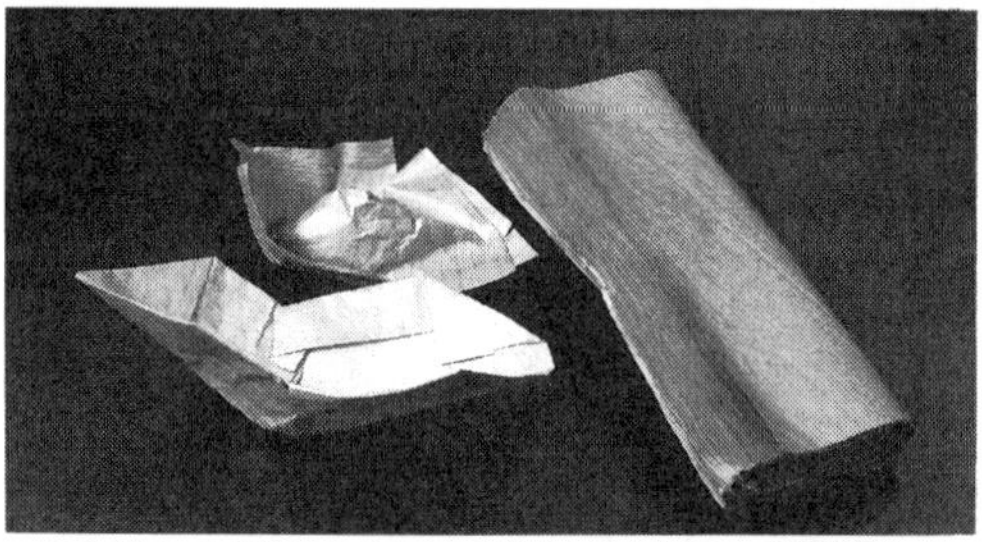

紙銭のいろいろ　上は沖縄のもの、中は中国浙江省のもの。右側にある紙を船形に折って供える。貨幣の船形銀に似せてある。下の紙幣に似たものも広く中国に見られる

かもしれません。

そのような体験を通じて私がタイの生活に親しみを感じることができたのは、「自分が沖縄で生まれ育った」ことが大きく関わっているということなのだなと、あらためて強く意識しはじめました。しかし、自分と同じ生活様式に親しみを感じるというだけでは、異なる文化を理解できないことも、このタイでの体験で知りました。「違いを見つける」ことも、また、文化の理解に大切であるということです。紙銭を焼く習慣は同じでも、ヤオの人々は、紙銭を馬に乗った人物像を印した紙で包み込むように巻いて先祖に供えるのです。この馬に乗った人物が、祖先に紙銭を届けると考えられているようで、沖縄の習慣にはこの様式と考え方はありません。ヤオの文化も沖縄の文化も、漢民族の生活様式の影響を受けながら、それを受け容れる過程が異なり、このような違いが生じたと考えられます。この「文化受容」の過程は、文化の伝播《でんぱ》の道すじや、外からの文化を受け入れるそれぞれの文化の個性によっても異なると思います。

生活のことば

はじめにタイ語の勉強のことを述べましたが、外国語を学ぶ姿勢にまつわるエピソードを二つ紹介しましょう。タイ山地の民族にくわしいブンチュエイさんの先導でバンコクを出発した私たちは、無事にメーチャンという町に着きました。そこはビルマ国境の町メーサイに北へ三〇キロのところで、北東に三〇キロ行くとチェンセンという町につき、そこからはメコン河をはさんで対岸のラオスの村を見ることができます。二つの国境に近いということもあって、いろいろな民族衣装を着た人々が行き交うのを見ることができ、まさに民族の坩堝《るつぼ》、東南アジア大陸部の奥地に来たという思いを強くしました。このメーチャンにベースキャンプを設置することになり、街のブンチュエイさんの生家の近くに二階建の家があり、その二階の三部屋を借りて調査の拠点にしました。さっそく生活必需品を買いに街に出かけることにしました。ベッド用の敷布一つを買うにも、東京で学んだタイ語では間に合わず、身振り手振りのいわゆるボディーランゲージで、こちらが買いたいものを店の人に伝えるのに汗だくになりました。敷布を買いたい私たちは、ベッドで寝るまねをしたりして、買うものが何であるかを伝えようといっしょうけんめいなのですが、店の人は毛布を持ってきたり、枕を持ってきたり、なかなかわかってくれません。数分もしてやっと敷布を奥の棚から出してくれながら、店の人は「これはパープーティーノーンというんですよ」とタイ語での呼び名を教えてくれました。このようにして覚えたことばはなかなか忘れないもので、外国のことばを習得するこつを教わったと思います。

メーチャンの街には、タイをはじめ他の東南アジアの街と同じように、多くの中国系の商人がいて、店を構えています。その商売熱心なことはよく知られていますが、私たちのチームが街にきたことをどこで聞き付けたのか、さっそく鄭《てい》さんという若い女性が、パンなどの食品は自分の店で買ってほしいとやってきました。調査の準備や整理に忙しく買物にさく時間も惜しいと思っていた矢先のことでしたので、私たちも「よろしく」と交渉成立となり、それがきっかけで鄭さんの家族とも親しくなりました。ある日、鄭さんの店を訪ねると、小学校を卒《お》えたばかりの長男が長い旅に出るしたくをしていました。「外国に行くの」と聞くと、そうではなく、雲南《うんなん》語を習うために山地の雲南人の村に長期滞在するというのです。タイ北部の山地にはヤオ、メオ、ラフなど生活様式の異なるいろいろな民族がいて、その民族間で「共通語」の役割をはたしているのが雲南語であり、その習得は山地での交易をめざす者にとってどうしても必要なことであると、鄭さんの父親は語ってくれました。よく中国（もしくは中国系）の人は外国語の習得に秀でているということを聞きますが、私はその理由がわかったような気がしました。

この本のなかで、私は、沖縄に生まれ、自らの文化を学び、さらにアジアの地域の文化を学ぶ者としての視点から、アジアの人々のなかで見聞したことをふりかえりながら、自分の身につけた文化の意味を考えてみたいと思います。

いま、民俗学あるいは社会人類学を学ぶ者としての私の学問的な関心は、大学生のころの「沖縄の方言への興味」から始まり、ことば以外の「沖縄の生活習慣や信仰のあり方」へとうつり、そして宮《みや》古《こ》、八重山、奄美《あまみ》の地域へ、さらに東南アジア、中国、韓国の文化にも目を向けるようになりました。その道程のなかで感じたこと、考えたことを整理していくうちに、「沖縄」ということばのもつ意味を真剣に問いかける自分に気づきました。その結論はまだ見えませんが、この本を書きおわった時点でなにか見えてきそうな気がします。

辺戸岬
今帰仁城
古宇利島
運天
大宜味
塩屋
伊江島
本部
名護
恩納
残波岬
座喜味城
読谷
具志川
平安座島
北谷
沖縄市
勝連城
普天間
中城城
浦添
首里
与那原
斎場御嶽
那覇
佐敷
知念
大里
糸満
名城
玉城
久高島
鹿児島
種子島
屋久島
大隅諸島
薩南諸島
吐噶喇列島
奄美大島
喜界島
奄美諸島
徳之島
沖永良部島
与論島
伊平屋島
伊是名島
東シナ海
慶良間諸島
粟国島
久米島
沖縄島
太平洋
台湾
八重山諸島
池間島
宮古島
多良間島
西表島
石垣島
与那国島
黒島
波照間島

前頁図　地勢的な区分としては、これらの島々は「南西諸島」と総称され、これらの島々のつらなりを「琉球弧」（この本では琉球列島）と呼ぶ。南西諸島は、北から鹿児島県の薩南《さつなん》諸島（大隅《おおすみ》諸島、吐噶喇《とから》列島、奄美諸島）、沖縄県の琉球諸島（沖縄諸島、慶良間《けらま》諸島と、宮古諸島および八重山諸島を含む先島《さきしま》諸島）に大別される。

第一章　日本のなかの琉球列島

一　地方独自のことば――方言のこと

沖縄のことばと方言札

昭和四十四、五年だったかと思いますが、そのころ高等学校の教員をしていた私は、高校生の赤十字活動かなにかの全国大会が群馬県であり、数人の生徒を引率して参加する途中で、そのときのことでした。東京・上野駅近くの旅館に宿をとり、元気ざかりの生徒たちは旅の解放感もてつだって、沖縄の方言もまじえ大きな声で話し合いながら部屋まで案内されました。ひとまず旅装を解き駅の近くでも散歩しようかと連れだって出ようとしたとき、宿の主人が私に「韓国から来られたのですか」とたずねるのです。一瞬なぜそう聞かれたのか不審に思ったのですが、すぐにその理由がわかりました。それは、生徒たちのことばが韓国のことばに聞こえたのではないかということです。「アンニョンハシムニカ」（お元気ですか）ということばなどのように、韓国語にはン（撥音《はつおん》）で終わる語彙《ごい》が目立ちます。生徒たちが使っていた方言は、おそらく首里《しゅり》や那覇《なは》の方言だったと思いますが、アン（ある、有る）、アラン（そうではない、ちがう。あるの否定形）、チュラサン（清らかである、美しい）、アッチュン（歩く）などのようにンで終わる語が目立ちます。おそらく宿の主人はそのような発音の特徴から韓国語とまちがえたので、これは無理もないことでしょう。言語学的にも韓国語と沖縄のことば・琉球方言とは似た語もあり、よく知られているとおり、日本語と韓国語とは言語の系統論からみても近いあいだがらです。

言語学の立場から、沖縄のことば・琉球方言が日本語のなかでどのように位置づけられるかは、もうすこしあとで勉強することにして、方言にまつわる私の体験からお話ししましょう。

太平洋戦争のさなかの一九四四（昭和一九）年の夏、米軍が沖縄に上陸する八カ月前、迫り来る戦火を避けるために、家族といっしょに鹿児島に疎開しました。命がけで鹿児島につき、私は鹿児島県始良《あいら》郡の横川《よこがわ》という小学校（当時は国民学校）に二年生として編入しました。いまでもよく覚えていて強く印象に残っているのは、学校で先生と生徒が鹿児島弁（方言）で話していることでした。それは、私にはまったく異様なこととしか思えませんでした。学校で方言を使う、それは当時の沖縄では「あってはならないこと」でしたから。標準語（共通語のこと）励行が沖縄の学校では遵守《じゅんしゅ》されるべきもので、それを守らない生徒は罰則の対象とされたからです。

私は昭和一八年に沖縄県那覇市の垣花《かきのはな》国民学校に入学しましたが、学校に通うようになるまでは、家族のあいだでも隣近所の友人同士でも方言で話をしていました。学校に入ってから標準語というものを使うようになったのです。父が絵本を買ってくれていましたから、教科書に書かれた文章を理解するにはそれほどの難しさは感じなかったものです。それは、後でくわしく述べるように、沖縄の方言は、語彙、文法、音韻《おんいん》の体系が本土で話されていることばとかなりの部分共通しており、子供でもその基本的なことを容易に理解できたからだと思います。沖縄では自分たちのことば・方言を「ウチナーグチ」（沖縄口）、本土のことばを「ヤマトゥグチ」（大和口）と呼んでいました。クチ（口）というのは、物を食べる口も意味しますが、ことばという意味もあります。英語で「言語」を意味するランゲージ（language）が、「舌」を表すタング（tongue）に由来することは、皆さんもご存じでしょう。

生まれてから学校に入るまで家族や地域でずっと使っていたことばが、「使ってはいけないことば」として学校のなかから排除されたのです。一八七二（明治五）年、明治維新の改革を経て日本国として国家体制を整えつつあった明治政府は、一六〇九（慶長《けいちょう》一四）年以来薩摩藩《さつまはん》の支配下にあった「琉球王国」を「琉球藩」とし、さらに一八七九（明治一二）年、廃藩置県《はいはんちけん》によって琉球藩を廃して「沖縄県」としたことを契機に、国民教育の一環として国語（標準語）教育の徹底を図ったのです。

沖縄県の場合、かつては独自の王国を形成し、一七世紀以降薩摩藩の支配下で「異国」としての扱いを受けたこともあって、廃藩置県の施行など日本の国家体制のなかに組み込まれるのが他の府県よりも遅れたことなどから、標準語教育へのこだわりはいっそう強いものがありました。そのため政府は、「方言は悪いもの」という考えを、学校教育だけでなく地域社会でも広めようとしました。学校には、方言を使った生徒を罰するための「方言札《ほうげんふだ》」というものがありました。学級に一つずつ厚紙などで作った方言札を配り、学校内で方言を使った生徒の首に下げるようにして、方言札を渡された生徒は方言を使う生徒を見つけるまで、罰としてずっとその札を首に下げていなければならなかったのです。

方言論争

昭和一四年、民芸研究家の柳宗悦《やなぎむねよし》を中心とする人々が沖縄を訪れたとき、当時の沖縄県のこのような方言禁止のあり方を見て、柳らは沖縄の方言が日本語の重要な要素であることを指摘し、その行き過ぎた標準語普及の方法を批判しました。このことから、日本人として標準語を話せることが沖縄を繁栄させることにつながると主張する沖縄県の教育政策担当者との論争が起こったのです。それに他からもさまざまの賛否の意見が加わり、このほぼ一年にわたったいわゆる「方言論争」は、沖縄の文化問題をめぐる論争の歴史のなかでも特筆すべきものでしょう。

このような教育の風土のなかで育った私が、鹿児島で教師と生徒が方言で話をしているのを知ったときの驚きは、読者の皆さんにも十分理解してもらえるものと思います。

この方言札の〝制度〟は第二次世界大戦後、私の中学生の頃も残っていました。うっかり方言を使い、札を渡された生徒は、方言を話している生徒を見つけるのにやっきになります。それで、クラスメートの頭をうしろからいきなり殴り、相手がおもわず方言で「アガ!」(痛い)と叫ぶと「ほら、方言を使った」と相手に札を渡すというようなこともありました。突然のことに思わず方言が出るのは当然です。それを見越しての卑劣なふるまいですが、方言を使うことをうしろめたく思い、悪いことだと感じるようにしむけた方言札の制度は、自分たちの言語は低俗であるという、一種の文化的劣等感を植えつけるはたらきをしたと思われます。

二 ことばの類似と相違――沖縄の内と外と

方言を使うことへの考え方が、沖縄と鹿児島でそんなにも違うものかと気づいた小学校時代の体験は、私の心の奥底にことばの違いについての関心を植えつけてくれたのでしょう。鹿児島で一年ばかり過ごしたあと、親戚をたよって大分《おおいた》県に移り、そこで昭和二〇年八月、太平洋戦争の終戦を迎えました。鹿児島では鹿児島方言を覚え、大分では大分の方言を覚え、学校の友達と話ができたのも、少年期の文化への柔軟な適応力のせいでしょうか。そのころ覚えた方言はほとんど忘れてしまいましたが、鹿児島で「可愛い」ことを「ムゼ」と言ったり、急須《きゆうす》のことを「チョカ」と言っていたこと、大分で「休むこと」を「ヨコイ」と言っていたことなどを思い出し、それらが沖縄方言につながることを知ったのは、大学で国語学、方言学を学ぶようになってからでした。

沖縄には「愛《いと》しい人」という意味をもつ「ンゾ」ということばがあり、かわいらしいことを「ンゾーサン」、子供をかわいがることを「ンゾーサ　スン」と言いますが、このンゾは、鹿児島方言のムゼや東北地方の「むぞい」と同系と思われます。ちなみに、ンゾは沖縄民謡の歌詞の漢字表記では「無蔵」とありますが、これはまったくのあて字で、本来の意味とはかけ離れています。また、チョカは沖縄で「チューカー」となり、大分方言のヨコイは沖縄の「ユクイ」(休み、憩い)につながります。

小学校生のころに耳にした他の地域の方言の記憶が、自分の言語、ひいては自分のもつ文化の位置づけを探る糸口になったというのは、すこしばかり大げさな表現かもしれません。しかし、幼いころに体験した異文化との接触は、強烈に記憶されるものです。鹿児島のムゼということばも、ただ偶然に聞いたというものではありません。疎開中の私たち一家は、前田さんというお年寄りの女性が一人で暮らしている家に同居する形で住まわせてもらっていました。私は、そのおばあさんが「ムゼ、ムゼ」といいながら頭をなぜてくれたこと、また、しばらくしておばあさんが亡くなり、そのお葬式が、自分の祖父が亡くなったときの仕方とたいへん違っていたことを覚えているのです。たとえばお棺《かん》は、祖父のばあいが長方形の箱形で亡骸《なきがら》を寝かせるような型であったのと異なり、おばあさんのばあいは桶《おけ》状で座らせる型であったことなどです。

イッパーとゲッチョー

少年のころの私の異文化体験は、戦争が終わり、沖縄に帰ってからもありました。小学校四年に大分から引き揚げて沖縄本島の中部の村にしばらく住んでいましたが、父の仕事の関係で沖縄本島南西部の漁業の町、糸満《いとまん》に住むことになりました。小学校五年から高校を卒業するまでそこに住んでいましたので、糸満は私の第二の故郷といえます。移り住んだ初めのころ、学校から帰り、近所の友だちと何をして遊ぼうかということになり、誰からともなく言い出して「イッパーをして遊ぼう」と決まり、みんなその準備のため家に帰りました。私の生まれ育った那覇市の垣花という地域で、イッパーという遊びは、土をテニスボールくらいの大きさに丸めて、それをぶっつけあって壊れたのが負け、という単純なものです。家に帰った私は、大いそぎで土をこね丸くしたイッパーを作り、遊び仲間が待っている広場に急ぎました。

「遅いな、どうした」という顔で私を見ながら、みんなは私が手に持っているものに目をやり「何だそれは?」と不審げに聞くのです。「イッパーを作って来たのさ」と私が作ってきたものを見せると、「それがイッパー?」とみんなは笑いをかくしません。「バカだな、おまえは。イッパーというのはこれさ」と一人が見せたのは、私の那覇のことばではまったく違う名で呼ぶ遊び道具だったのです。「なんだ、それはゲッチョーじゃないか」と、今度は私がだまされたような気になって答えました。

ゲッチョー（ギッチョー）というのは、長さ三〇センチ、直径三―四センチくらいの棒きれで、ほ

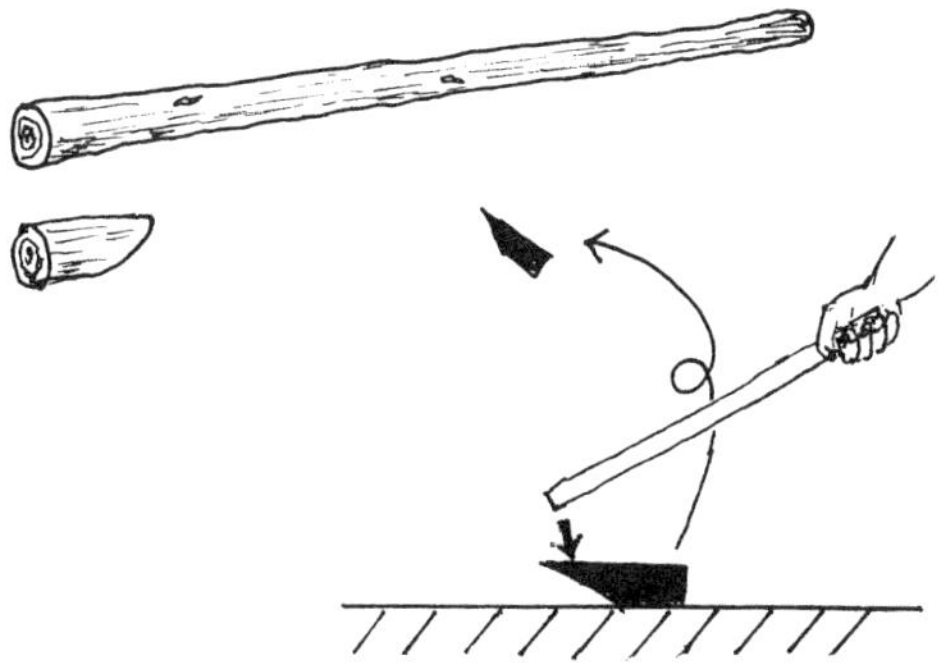

ゲッチョー

ほぼ同じ直径で一〇センチほどの、先端を斜めに切った短い木片を飛ばす遊びです。この木片を地面に置き、棒きれで木片の先端をたたくと、上に跳ね上がります。それを狙《ねら》いすまして横から打ち、遠くまで飛ばし、飛ばした距離を競う遊びで、距離は棒きれの長さを基準に測るのです（図参照）。少年の遊びとして沖縄ではよく見られるものでした。九州や他の地域にも同じような遊戯があるのか、また、それをどう呼んでいるか知りたいものです。

この遊びの呼び名が、私の生まれた那覇とそこから一〇キロと離れていない糸満とで、このように違うとは意外なことでした。飛ばされるほうの短い木片も、糸満ではイッパーと呼んでいるのですが、奄美《あまみ》ではそれを「イハ」といっているそうです。イハ、イッパーは同系の呼び方で、この呼び方が琉球列島で広く使われているとすれば、言語学的にみてより古い呼び方と思われます。ゲッチョーという呼び名は、なんとなく〝外来語〟の感じがします。私がそう確信するのは、かつて沖縄県立図書館で見た史料のなかに、朝鮮半島もしくは中国の風俗を描いた絵図のようなものがあり、それにゲッチョー遊戯が描かれ、「撃壌《げきじょう》」という説明がついていたことを覚えているからです。

ことばは文化の象徴

このように、子供の遊びの呼び名ひとつをとっても、琉球列島のなかで、また沖縄本島のなかで、目立った違いがあることがわかります。よく、このような地域ごとの方言や遊びなどの生活様式や文化が多様であればあるほど、その国の文化の豊かさと力強さを感じると言われます。しかしながら、今日、そのような地域ごとの差異は目立たなくなり、地域の個性は失われつつあると言えるでしょう。マスメディアの発達により、ある地域の情報は即座に日本の隅々まで伝わるようになり、海を隔てた島々からも、電話を通じてまるで隣近所のように会話ができるようになりました。暮らしが便利になったのはすばらしいことですが、その反面、都市での「流行」が地域の伝統を変え、地域の風土に根ざした文化が衰える兆しがみえます。地域のことば——方言も大きく変化し、また消滅への歩みを早めつつあります。

沖縄のことばもその例にもれず、それらは失われつつあるといえます。前に述べた方言札の話は、まるで遠い昔の話のようです。家族のなかで、私は九〇歳を越した母と方言で話ができますが、二二歳になる私の息子は方言を話せません。沖縄方言独特の発音もできなくなりました。このような現象は、ひとり沖縄だけのことではないと思います。東北や九州、四国でも、固有の方言が話せなくなった若い世代が増えているのではないでしょうか。ここで、また、タイでの体験を思い出しました。

タイの山地での調査中、私たちにタイ語の通訳をしてくれた二人の人がいました。ひとりはSさん、もうひとりはUさんで、二人ともビルマ北部のシャン州出身のシャン（自称はタイ・ヤイ）族の人でした。シャンは、かつてシャン王国を築いたほどの豊かな文化をもつ人々ですが、当時のビルマで民族的な圧迫もあり、民族自決の運動も行なわれていました。Uさんの家に招かれシャン料理をご馳走《ちそう》になったことがあります。そのとき、Uさんの奥さんは皿に盛りつけた料理に小さな旗を立てて食卓に並べ、「この旗は私たちシャンの旗です」、「私たちはいま、タイにいても、子供たちにシャンの歴史を話し、シャン語を守るようにしています」と、民族の誇りを話してくれました。言語は文化の象徴であり民族の魂を示すものだという思いを語るUさんの目の輝きが、いまでも思い出されます。一九七二（昭和四七）年、沖縄が二七年間の米軍統治から解き放たれ、日本復帰を果たしたとき、SさんもUさんも「よかったね」と我が事のように喜んでくれたのも印象に残っています。

極端な標準語教育をめぐる沖縄での「方言論争」については先に述べましたが、沖縄のことばが日本語のなかで貴重なものであり、それを言語学的に研究することの大切さは、県の施策を批判した柳たちも、また県当局も十分認めていたようです。それでは、沖縄のことば・琉球方言が、日本語のなかでどのような位置を占めるのかについて見てみましょう。

三　日本語のなかの琉球のことば

方言で話す

ことばは文化の重要な要素の一つであり、また文化の特徴や個性はことばにはっきりと表れると言われています。それは単に発音のしかたや文法の違いに出るのではなく、自然現象など「物事のとらえ方」や、悲しみや喜びのような「心の動き」の表現にも、地域の方言や言語の個性が表れてくると思います。

岩手県に生まれた歌人石川啄木《いしかわたくぼく》に「ふるさとの訛《なまり》なつかし停車場《ていしやば》の人《ひと》ごみの中《なか》にそを聴《き》きにゆく」という歌があります。この「お国訛り」という表現の様式は、言語を含めた日本における地域文化の多様性を示すものといえるでしょう。そして、ふるさとの方言を聞いたり話すことによって、都市で見失いそうになる自分をとり戻すという現象が、現在も都市に住む地方出身の若者たちに起こるのかどうか、私はたいへん興味があります。

かつて学生時代に沖縄から上京したばかりのころ、ある日曜日、友人の中本正智《なかもとまさちえ》さんと「今日一日中は共通語を使わずに、二人の会話は方言で通そうではないか」と話し合い、それを実行したことがあります。中本さんは私と同じ年齢で、琉球大学在学中から方言研究の仲間として親しかった人です。

大学院も同じ東京都立大学で、彼は言語学、私は社会人類学と専攻は異なるものの、深い交流は変わりませんでした。彼は琉球方言だけでなく日本語学の研究者として多くの業績を残しましたが、残念なことに五〇代の若さで世を去ってしまいました。

中本さんと二人で久しぶりに買物でもしようと都心に出てきたとき、先ほどの「一日中方言で話そう」という企てをしたのです。方言を話すことによって、なんとなく日ごろ鬱積《うつせき》したものを吹き飛ばし、自分自身を取り戻せるのではないかという気がしたのです。中本さんも同じ気持ちだったのでしょう。衆議一決とばかり、たしか有楽町の駅だったと思いますが、駅のホームで電車を待つあいだの立ち話からそれを始めました。彼は沖縄本島南部の玉城《たまぐすく》村《そん》奥武島《おうじま》の出身で、私は那覇市住吉町の生まれです。二人の出身地に共通するのは、ウミンチュ（海人。沖縄のことばで漁業や海運にたずさわる人のこと）のシマ（島ではなくて一つの集落・村。後述）であるということです。それぞれの方言の特徴についてはお互いに良く知っていますから、いわゆる訛りのちがいはあっても会話はスムーズにいきました。私たちの会話を聞いて振り返る人もいます。中本さんも私も色白とは言えない顔ですから、たぶんアジアの南の国から来た者だと思われたのでしょう。銀座を歩き、デパートに入り、丸善《まるぜん》などを回りましたが、すこし疲れはしたものの気分はむしろ爽快《そうかい》という感じであったと、いま、中本さんのにこやかな顔を心に浮かべながら、二〇代の青年期の心理を懐かしく思うのです。

中本さんと私があえて方言で話したいという気持ちになったのは、自分の身についたことば、大げさにいえば自分の血となり肉となった方法で自己を表現したいという、当然の欲求であったかもしれません。二人とも日本人として共通語をつかう能力は十分にあるわけですし、何も方言にこだわることはないと考える人もいるでしょう。しかし、長いあいだ自分なりの表現手段が使えない状況に置かれたばあい、人はそのストレスを解消したい欲求に駆られるのではないでしょうか。それは、日本人の旅行者が海外で日本食が食べたくなったり、スーツケースのなかに衣類などと一緒に海苔《のり》や梅干しを入れて西欧などに出かけるのと同じ行動だと思いませんか。なにも海外で日本食を食べなくても、栄養的にバランスさえ摂《と》れれば生きていけるのに、「だって日本人だもの」と言いつつ、パリで寿司《すし》屋《や》に入るようなものです。日本人としての文化がそういう行動へ仕向けているのだと考えられます。

文化人類学の領域で、文化についての定義は学者によってさまざまですが、私はアメリカの人類学者、C・K・クラックホーンの定義をよく用います。すなわち、「文化とは歴史的、後天的に形成された、内面的および外面的生活様式の体系である」という定義です。文化という語には、高い教養とか洗練されたというイメージが結びつきがちですが、そのようなものも含めて「生活の仕方そのもの」が文化なのだという考え方です。

道徳や価値観などのような目に見えない心の作用、また家の建て方や挨拶の仕方など目に見えるものも、人が家族や地域社会のなかで後天的に習得したものです。それが世代をこえて伝承されて、歴史的に変化し発展しあるいは衰えたりするのです。もとよりことばも文化であり、しかも文化の重要な部分を占めるものです。

ことばに見る沖縄と本土

沖縄そして琉球列島の文化を語り、それが日本のなかでどのような位置にあるかを考えるために、この本を私の専門である社会人類学や民俗学からの話題から始めるのではなく、言語、方言の話から始めたのには、次のような理由があるのです。それは、言語が文化のなかで重要な要素であること、沖縄と日本本土との文化的つながりを説明するのに適した学術的データがあり、そして、生活様式（文化）として個人が後天的に習得し、それが身につく過程を説明しやすい身近な話題があるからです。

方言に表れた地域の個性、それがお国訛りというものですが、一般の人々が気づく方言の特徴は、耳に伝わる母音や子音などの発音のしかた、またはアクセントなど、音声学《おんせいがく》的なものが主でしょう。そのアクセントについての言語学・方言学（最近は「日本語学」という呼称になっています）の研究成果から面白い話題を探して見ましょう。

ことばのアクセント、それは単語一つ一つに定まっている「音節と音節の間の音の高さや強さ」のことです。日本語のアクセントは音節の高低であり、英語のアクセントは強弱の違いであるといわれています。沖縄の方言も「高低アクセント」で、たとえば、私の生まれた那覇の方言で、花と鼻は、どちらも「ハナ」と発音し、単独では高低が無く平板ですが、それをどのようにアクセントで識別するかというと、ハナに助詞の「が」にあたる「ヌ」をつけると違いが出てきます。「花が咲く」は、

「ハナ　ヌ　サチュン」と発話し、ヌを高くします。一方「鼻が高い」は、「ハナ　ヌ　タカサン」といい、ヌはハナと同じ高さで平板です。

それでは火と日は、アクセントでどう違うでしょう。火と日はいずれも「ヒー」と母音を長くして発音し、単独では高低がなく平板です。同じように助詞ヌをつけると、「火が燃える」は「ヒー　ヌ　メーイン」でヌに高いアクセントをおく上昇型で、「日が長い」は「ヒー　ヌ　ナガサン」で高低がなく平板型になります。日本各地の方言でも、花と鼻、火と日のアクセントによる識別があるでしょう。みなさんのところではどうでしょう。

琉球のかつての王都首里《しゅり》は那覇と隣接し、いまは那覇市の一部になっていますが、首里方言のアクセントは那覇と異なる型をもっています。前述の花が咲くは「ハナ　ヌ　サチュン」で発音は那覇方言と同じですが、アクセントはヌが高くならず平板になります。鼻が高いは「ハナ　ヌ　タカサン」でヌが低くなり、「ハナ　ヌ」が下降型になるのです。那覇方言のアクセントの上昇型が首里方言では平板型に、那覇の平板型が首里では下降型になっています。このようにすぐ隣り合い、地域の中心どうしは二キロほどしか離れていない那覇と首里のアクセントが異なるのですから、沖縄の他の地域はどうなのでしょう。このことにとても興味がわいて、私は一九五七（昭和三二）年、さきほどお話しした中本さんや琉球大学の方言研究クラブの仲間たちと共同で、沖縄本島南部の二五〇の村落を歩きまわり、アクセント型の分布図を作成したのです。

表　アクセントの対比

類		第１類 庭・鳥類	第２類 石・川類	第３類 山・犬類	第４類 松・笠類	第５類 猿・聟類
語の例		鼻　飴 風金酒	石　音 歌寺胸	花　色 山島馬	息　船 笠海種	聟　雨 秋猿蔭
現代語のアクセント	京都	ハナ アメ	イシ	ハナ	イキガ フネガ	ムコガ アメガ
	東京	ハナガ アメ	イシガ	ハナガ	イキガ フネガ	ムコガ アメガ
	首里	ハナヌ アミヌ	イシヌ	ハナヌ	イーチヌ フニヌ	ムークヌ アミヌ
	那覇	ハナヌ アミヌ	イシヌ	ハナヌ	イーチ イーチヌ フニヌ	ムーク ムークヌ アミヌ

平安時代の辞書『類聚名義抄』に示された音調の型（表の「類」）が、いまのことば、沖縄のことばのアクセント型にも対応していることがわかる。沖縄のことばと本土のことばは根が一つであることを示す証拠の一つ。

沖縄のことば――琉球方言が日本語の一部であり、本土方言とともに日本語を構成する重要な方言群であるということは定説になっていますが、そのアクセントが日本本土とどうつながるかを示すデータを紹介しましょう。首里方言と那覇方言のアクセント型が規則的に対応すること、那覇の上昇型が首里の平板型に、平板型が下降型になることなど、日本の地域の方言のあいだでアクセント型の対応がみられることが解き明かされています。方言研究でのアクセント研究は国語学者の金田《きんだ》一春彦《いちはるひこ》さんなどによって、平安時代の漢和辞書『類聚名義抄《るいじゅうみょうぎしょう》』などの文献に記された音調（アクセント）記号の解析から、古い時代の日本語のアクセントと現在の各地域の方言のアクセント体系との対応が明らかにされるようになったのです。

那覇方言のアクセント型と平安時代の音調との比較・対応を、先ほどあげた鼻や花など二音節語を例にして見てみると、表にあげるような面白いつながりが見えます。

この表からわかるように、『類聚名義抄』に記された平安時代の二音節語は、五つの類があったのですが、それが首里方言では二つ、那覇方言では三つの型になっています。また那覇方言のばあいは四つの型に分かれる可能性があり、系統的に古い型を残しているのかもしれません。いずれにしても、特定のアクセント型に属する語彙《ごい》が各地域ごとの対応をはっきり示していることがわかります。言語のもつ規則性にあらためて驚かされますが、私たちはこのような語彙ごとにきまっているアクセントの型を、知らず知らずのうちに代々親から受け継いできたのです。親などから「このことばはこういうアクセントですよ」と、いちいち単語ごとに教わったのではなく、幼いころから、家族や友人など地域の人々と会話を反復するうちに、身につけるのです。

身につくアクセント

このようにして習得した言葉のアクセントは、お国訛りの一部としてしっかり身につき、抜けなくなります。アクセントを含めて、語彙や文法や擬声語《ぎせいご》、擬態語《ぎたいご》などの表現法や方言など、その個人が生まれた地域の言語の基本的体系をひととおり身につける時期を、言語学では「言語形成期」と言うようですが、それはおよそ十二、三歳ころといわれています。その時期を越すと、身についた言語の基本体系は安定するのです。だから、私たちがアクセントなどの調査をしていたころ、方言を教えてもらう相手（インフォーマントといいます）を見つける基準を、生まれてから小学校卒業のころまで生まれた土地を離れたことのない人で、両親もその土地の人とすることが、もっとも大事なことでした。

習得した言葉が身について離れなくなる言語形成期について、実感した経験があります。琉球大学の学生当時、私はアルバイトの家庭教師をしていましたが、教える相手は小学校一年生のM君と小学校六年生のZ君という兄弟でした。二人とも成績のいい子でしたが、一年後に東京に引っ越すので東京の子供たちに負けないような力をつけてほしいというのが、親の希望でした。一年間、M君、Z君の勉強の手助けをして、彼らは予定どおり東京へ移って行きました。それから、一年半ばかり経ってから、私が旅行で東京に出向いたとき、久しぶりに二人に会いました。そのとき、二人と話をして気がついたことは、小学三年生になったM君の話しぶりはきちんと〝東京の〟アクセントになっていたのに、中学二年生のZ君のほうは那覇方言のアクセントが抜けていなかったことです。そのとき、私は言語形成期というものの存在を、じっさいに確かめることができたのです。

このように、言語が文化の一部であり、成長の過程で身についていくという特性がある以上、生活様式などの他の文化も、そのように身から離れなくなる時期というものがあると考えられます。ただし、それらは言語よりもっと身につくのに時間がかかり、もっと身から離れにくくなるかもしれません。

ここでは言語を含む身についた文化の「落ちにくさ」というものを、ことばのアクセントを例に考えてみましたが、人はそのような文化の枠組みのなかで生きていると言えるでしょう。文化が人の行動を規制する力をもっているということは、よく言われることです。ただし、文化のもつそのような力を強調しすぎると、文化の変革や人間一人ひとりの個性や創造力を否定することになりかねません。

さきに述べた本土の平安時代のアクセントと那覇・首里方言のアクセントの対応をみて、日本語（本土方言）と琉球方言とのつながりの深さが理解できたと思いますが、二つの類似の言語の関係、たとえばここにあげた日本語と沖縄のことばとの関係を知る方法の一つに「言語年代学」（グロットクロノロジー：Glottochronology）があります。それは、アメリカの言語学者M・スワデシュが考えだしたもので、頭とか足とか、月、太陽、父、母といった人間の生活に密接に結びつくことば、二一五語を基礎語彙として選び、それは変化しにくく、一〇〇〇年に一九％の比率で変わり、八一％は変化せずに残っていくという仮説をおいて二つの言語を比較し、両者が一つの祖先型である言語から分かれた年代を探る方法です。これは考古学の分野でよく使われる^{14}C年代決定法、すなわち、放射性同位元素（アイソトープ）の炭素14が一定時間に一定の比率で放射線を出し変化することを利用して物体のできた年代を知る方法と似ています。言語学者の服部《はっとり》四郎《しろう》博士は、奈良方言と首里方言とをこの方法で比較し、二つの方言が分かれた時期を一四五〇―一七〇〇年前と想定しました。

琉球列島の言語と日本本土の言語が同系であり近い関係にあることは、語彙の面でも基礎語彙が共通していることでも明らかですが、ウワーナイ（うわなり＝嫉妬《しっと》）、トゥジ（刀自＝妻）、ネー（なゐ＝地震）など、本土では聞けなくなった古い語彙が見出されることに注目する学者もいます。

琉球のことばの独自性

しかし、本土で共通する要素だけでなく、前にもふれたように「異なる要素の存在」も琉球列島の個性を示すもので、その面の探究も大切なことです。本土のことばにない要素として、まずあげられるものに、「声門破裂音《せいもんはれつおん》」という子音があります。それは声門（声帯のある部分の狭い隙間）を閉じて一気にあけて出すもので、記号では「ʔ」で表しますが、琉球のことばはこの音の有る無しで意味が異なるという重要な役割をしています。たとえば、ッワー（ʔwa:）は「豚」のことで、ワー（wa:）は「一人称の我」を表します。また、ッンニ（ʔnni）は「稲」をさし、ンニ（nni）は「胸」のことです。この発音は、沖縄の日常生活で共通語化が進むにつれ若い世代から失われつつあり、私の息子も発音できません。

さらに琉球のことばは、パ、ピ、プ、ペ、ポなどpの子音ではじまる音、タ、チ、ツ、テ、トなどtの子音ではじまる音、カ、キ、ク、ケ、コなどkの子音ではじまる音に、有気《ゆうき》

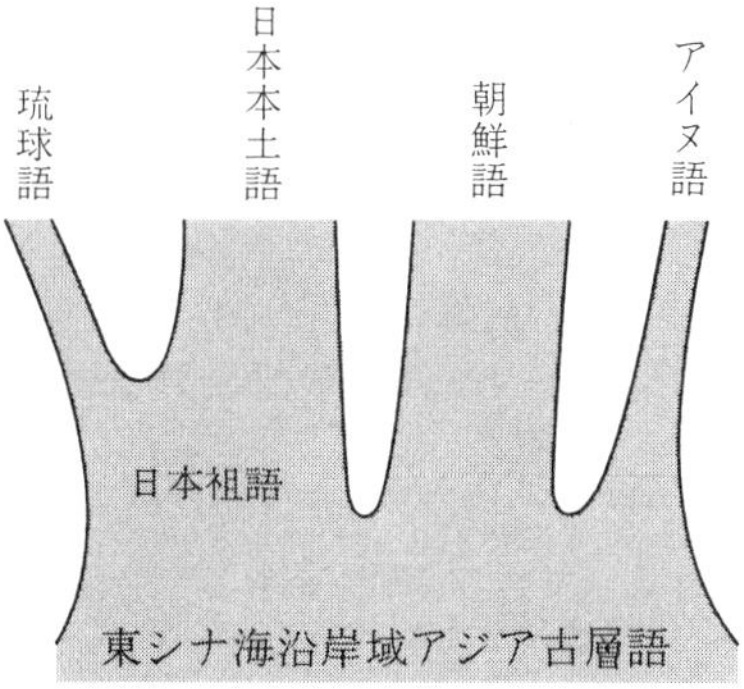

琉球語の位置づけ

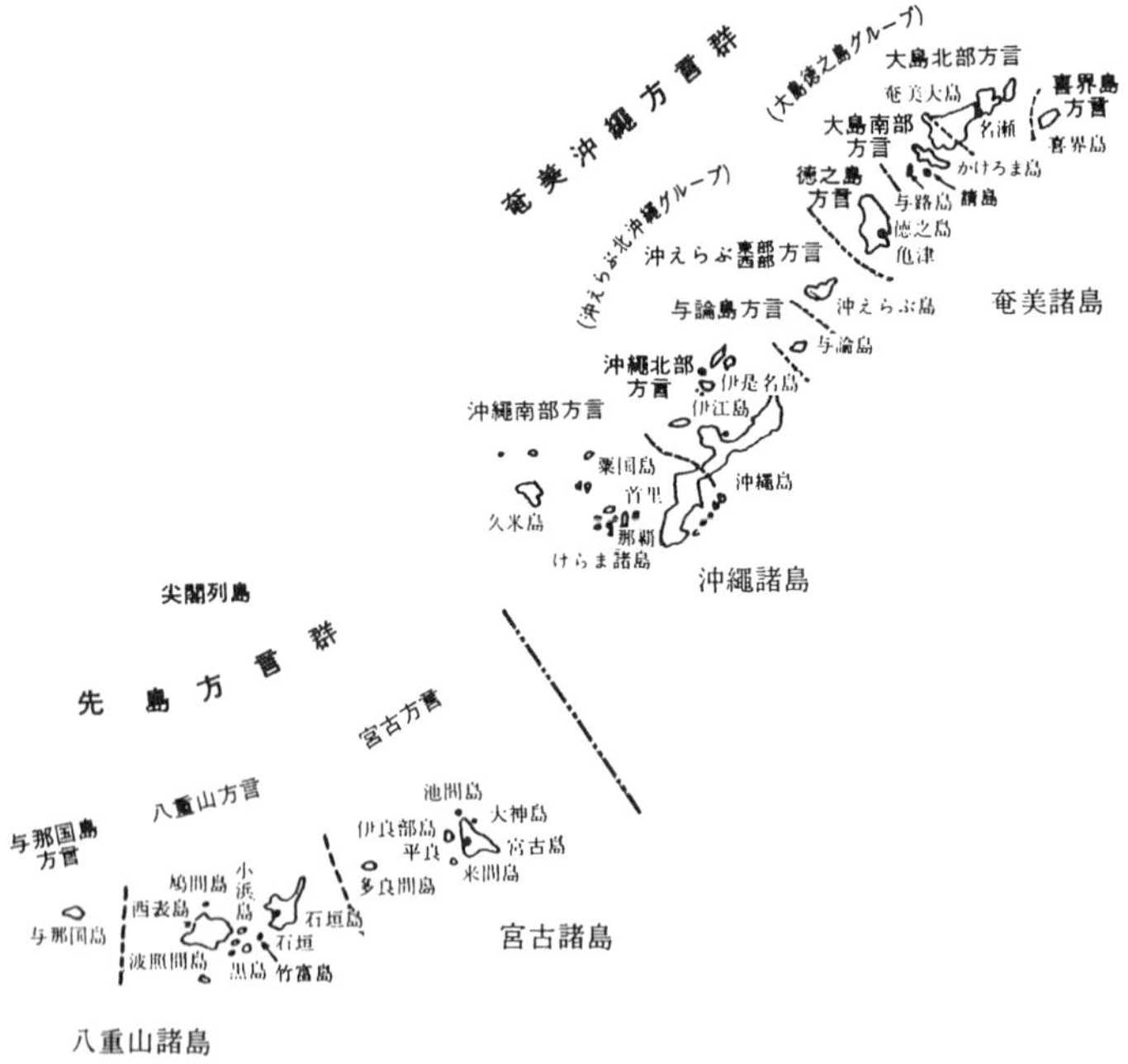

沖縄のことばの地理的なちがい　上村幸雄氏の作図（『言語生活』No.251）

音《おん》と無気音《むきおん》の区別があり、それが意味の違いを生みます。例をあげると、pi：（有気音のピー）は「屁《へ》」のことで、pï：（無気音のピー）は「火」をさすのです。ki：（有気音のキー）は「毛」をさし、kï：（無気音のキー）は「木」を意味します。

このような子音は琉球列島のなかでも分布に偏りがあり、またそれ以外にも独特の子音をもつ方言があります。このような音の存在は本土とは異なる面を示していますが、本土で失われた語彙が琉球列島にあるように、このような音の体系も古い日本語の残存なのでしょうか。ちなみに、声門破裂音は台湾の山地の言語にもあり、有気音、無気音の区別は中国語や韓国語にもあることはよく知られています。

沖縄または琉球列島と日本（本土）との文化的つながりを、文化を知る入り口として言語を手がかりに話し始めたところですが、日本語として本土のことばと琉球列島のことばがどのような関係にあるかを示したのが三七ページの図です。そして、琉球列島の言語（琉球方言）のなかの地理的差異に基づき、さらに区分したのが三八ページの図です。日本語のなかで琉球方言が本土方言と対峙《たいじ》する大きな位置を占めていることは、この図からおわかりでしょう。

本土方言と琉球方言を話す人の人口比率は約一〇〇対一です。でも、その地域の「広がり」をみると、本土方言が話されている地理的範囲、すなわち青森から鹿児島までと、琉球方言の地理的範囲（奄美の喜界島《きかいがしま》から八重山の波照間《はてるま》島、与那国《よなぐに》島まで）は、琉球列島が広い海域をもつことから、それほどの違いはないようです。これらの地域が海の広がりのなかにあるということは、海に隔てられた孤立性、それゆえの島ごとの変差が大きいということにつながります。その変化の多様さ、それは言語だけでなく民俗文化にも現われます。つぎに民俗の面から琉球列島の文化を考えてみましょう。

四　民俗から見た本土と琉球

船で行く沖縄

最近の旅行ブームで、多くの人が自分の町や村を離れて、日本の各地や海外へと出かけるようになりました。沖縄にも年間三〇〇万人以上の人が訪れているようです。亜熱帯の気候と植生、珊瑚礁《さんごしょう》に囲まれた紺碧《こんぺき》のラグーン（礁湖《しょうこ》）などの風景は、たしかに大きな魅力であり、旅人の目を楽しませるのに十分でしょう。そのような自然環境に加えて、本土からの旅人の目をとらえるのは、伝統的な赤《あか》瓦《がわら》屋根《やね》の家や、大きな亀の甲羅《こうら》に似た墓の形、また独特の音階をもつ民謡や舞踊など、いわゆるエキゾチシズムを誘う文化的風土だと思います。「日本のなかの異国」といってもよいくらい、本土とのちがいを感じとられることでしょう。

このようなちがいをもたらしたのは、琉球列島の置かれた自然環境や地理的位置、そしてそのような条件によって生まれた歴史と文化であるということができます。琉球音楽にくわしい民族音楽研究家の小島美子《こじまとみこ》さんは、琉球の音楽のリズムは「波にたゆたう」感じの海洋性のものだという、とても刺激的な考えを出されました。琉球列島の民俗文化を考えるとき、そこが海に囲まれた島々の文化であること、すなわち「島嶼性《とうしょせい》」という環境を無視することはできません。日本は、九州の南から台湾の東まで、東シナ海に弓状に連なる島々であること、この地理的状況が日本本土、そして中国大陸、または朝鮮半島との歴史的、文化的関係に大きく作用したことを深く考えることが必要でしょう。前に述べた日本語のなかでの琉球のことばの位置も、この島嶼性ということと無関係ではないでしょう。

琉球大学に勤めていたとき、本土の学生が民俗調査のために沖縄に行くのでよろしくという依頼を何度か受けました。私はそのたびに、「東京からでも鹿児島からでもいいから、ともかく船で来るように。そうでないと沖縄が島であることを実感できないだろうから」と、学生たちに勧めました。ほとんどの学生がその勧めを喜んで受け入れてくれましたが、いま、沖縄に行くのに船で行く人は少なく、ほとんどが飛行機です。そのほうが時間の節約になります。しかし、沖縄までの船の旅は、いろいろなことが体験でき、学ぶことが飛行機よりだんぜん多いのです。時間があれば私もまたやってみたいと思います。

一九六〇（昭和三五）年代から一九七〇年代までは、このように学生も研究者もみんな沖縄へは船で行くのがふつうでした。鹿児島から沖縄まで一昼夜、二四時間たらずの船旅でした。沖縄の民謡に、琉球王国時代の那覇と薩摩《さつま》（そのころは山川港）を往来する役人の船旅の苦楽をうたったものがあり、その歌詞に七島灘《しちとうなだ》（吐噶喇《とから》列島の近くの波の荒いところ）や、沖縄本島近くの伊平屋《いへや》島沖の波が高い難所を行くことがうたわれています。いまでも秋から冬の海はやや波が高いのですが、この海は台風やその余波がないかぎりとても穏やかで、ときには文字どおり油を流したような凪《なぎ》が続きます。縄文・

弥生時代に九州から、装飾品となる貝を求めて、人々が南の島へ渡ったのは、そのような穏やかなときの海だったのでしょう。

もちろん、天候が突然変わることもあり、海が荒れて難儀《なんぎ》したこともあったでしょう。遭難の記録もあります。一七六二年、薩摩に向かう琉球の船が嵐に遭い、土佐（高知県）に漂着した経緯は、土佐の学者戸部良熙《とべよしひろ》の著わした『大島筆記《おおしまひっき》』に記録されています。そのなかに、航海の安全を守る神として中国の福建省に起源をもつ媽祖《まそ》（後述）が船中に祀《まつ》られ、その祭祀《さいし》を行なう役職の者がいたという興味深い記述があります。

私が何度も体験した、鹿児島から沖縄までの船旅を思い出してみましょう。

穏やかな夏の海、鹿児島の港を出て二時間ばかりすると、海面から二〇〇〇メートル級の山（宮之浦岳《みやのうらだけ》）がそそり立つ屋久島《やくしま》が左に見えてきます。ときにはイルカの群れが船と競うように泳いでいるのを、またトビウオが波間を数十メートルも飛ぶのを見ることもありました。吐噶喇列島の島々を夕日の沈む西の方に見ながら、船はさらに南をめざします。夜半、奄美大島の島の西を過ぎ、徳之島《とくのしま》、沖永良部島《おきのえらぶ》、与論島《よろん》とつぎつぎ島影を確認しながら、明け方に沖縄北部の山々が見えはじめると、船酔いで寝ていた者もデッキに出てきます。那覇はもうすぐだという気持が、船酔いなどをふきとばしてしまうのでしょう。

鹿児島から那覇までの船旅のようすを述べたのは、かつてこのような島々の連なりを利用して、縄文・弥生時代の人々は南に下り、また七世紀に「南島人《なんとうじん》」が大和朝廷に入貢《にゅうこう》したことを想像し、追体験したかったからです。

鹿児島から南にくだる道すじで、島と島の間の距離が近く、一つの島を過ぎるとつぎの島が水平線に見えてきますが、このような島々の連なりは、いったん沖縄本島周辺で途絶えます。さらに南をめざす船はしばらく島影をみることができません。沖縄と宮古《みやこ》の島々の間には約三〇〇キロもの隔たりがあるのです。その隔たりが言語学（方言学）や考古学のうえでも、琉球列島の北部と南部、すなわち奄美・沖縄地域と宮古・八重山地域のちがいを生みだしています。民俗学の分野でも、その地域差をみることができます。

島嶼性とは

海を隔てた距離に大小はあるにしても、島嶼性という共通項が、琉球列島の一つ一つの文化、そして奄美、沖縄、宮古、八重山という群れとしての島々の文化を理解するうえでの鍵《かぎ》となることは否定できません。この島嶼性というキーワードは、おそらくミクロネシア、メラネシアなど、世界の他の島嶼地域の事例からも探究すべきでしょう。日本でも最近「島嶼学会」が結成され、カナダなどに世界的な規模の島嶼研究所があると聞きます。ここでは琉球列島の民俗文化の分析から「島嶼性とはなにか」を考えてみたいと思います。

島嶼性というのは海と関わる概念であり、海に囲まれた島にとって、海は、外界との結びつきを拒み、孤立した閉鎖的状況を生む「壁」にもなり、また、逆に外界への移動や交流をもたらす「道」にもなります。航路の開かれた今日でも、台風などで長期間海が荒れると島は孤立し、生活物資にも事欠くようになります。海のもつこのような二面性は、島の歴史に大きく作用し、それは時代によって変化してきました。言い換えれば、海が道として機能する頻度は、時代とともに増えてきたと言えます。

海洋を渡る技術を容易に手に入れることのできなかった時代、つまり海が道として機能しにくかった時代は、閉鎖的な状況がつづき、島の文化は純粋培養的に個性がより強化され、島ごとの差異も大きくなったと考えられます。島嶼性の一つの側面はここに生じてくるのです。島をとり巻く環礁《かんしょう》の外側は、人々にとって未知の〝異界〟であり、逆に環礁の内側、干瀬《ひせ》や礁湖は陸地と同じ生産の場、陸地と同じ生活空間であり、自分たちの領域であったと思われます。近年、村落の地名研究で、とくに海辺の村落での生活領域として陸地の部分だけでなく、「イノー」または「イナウ」と呼ばれる環礁の内側も含めた空間を重く見て、その地名の調査が目立ちはじめています。イノーでの生産は、漁業と呼ぶには未成熟ではあるが、生計の拠り所《よどころ》として農業に付随し、あるいはその延長として魚介や海藻の採集があり、「海の畑」とされていました。私が一九七一（昭和四六）年、宮古島の久松で祭祀行事などの調査をしていたころ、村落の前に広がる遠浅の海は、胃腸の寄生虫駆除（虫くだし）につかわれる海人草《かいにんそう》（沖縄のことばでナチャラ）や、最近「海葡萄《うみぶどう》」という名で東京のスーパーマーケットでも売られている海藻、ンキャフなどがよく採れ、最盛期には馬車に牽《ひ》かせた車いっぱいの収穫がありました。また貝も多く、久松の人にとってはまさに海の畑でした。

この海の畑としてのイノーをも領域とした海辺の村落は、人口が少ない時代はまさにその地域だけで人々が生活をしていくことができる「自己完結の小宇宙」として存在できたのでしょう。このことが、琉球列島の人々の世界観や神観念に強く影響したと考えられます。イノーの外、環礁のかなたに神々の世界を想定し、琉球列島の各地の農作物などの害虫を取り祓《はら》う行事では、害虫やネズミを小さな舟にのせ環礁のかなたに送り出す儀礼が見られます。

一方、外界につながる道としての海は、幸福や災い、さまざまなものがやってくる道でもあります。海辺はその出入口と考えられていました。八重山竹富島の西の海辺には、大昔五穀《ごこく》を積んだ神の船がやって来て纜《ともづな》を結んだと言い伝えられている「ニーランの石」があり、そこで毎年、豊饒《ほうじょう》（沖縄のことばでユー）をもたらす神を迎える儀礼があります。他界・神々の世界（ニライ・カナイ）から幸や豊饒がもたらされるという信仰（後述）は、他のアジアや太平洋の地域でも見られますが、琉球列島の村落では神々は海のかなたからやってくるという観念が目立ちます。

島とシマ

沖縄本島地域だけでなく、おそらく琉球列島全域で、「シマ」という語は、島という意味だけでなく、自分の生まれた土地、集落や村落という意味があります（本土でも「なわばり」をシマということがあります）。沖縄本島中部の村に次のような琉歌《りゅうか》（短歌〈和歌〉が五七五七七の形式であるのに対し、ふつう八八八六の形式をもつ）が伝わっています。

思《ウム》ゆらば里前《サトウメ》、シマ尋《トウ》めていもれ、シマや中城《ナカグシク》、花の《ヌ》伊舎堂《イシャドウ》

この歌の意味は、私のことを思ってくだされるのでしたら貴方《あなた》、「私の村」を訪《たず》ねていらっしゃい、「私の村」は花の伊舎堂ですよ、というものです。シマは自分の生まれた村であり、花とはそこで栽培がさかんだった綿花をさすという解釈があります。

このようにシマは自律的な小宇宙としてみることのできる地理的領域であり、今日のように交通手段が発達していない時代、それは戦後の一時期まで続いていましたが、結婚相手もシマのなかで探すことが多く、年中行事もそのなかで独立して行なわれ、祭祀組織もシマのなかで完結したものになっていました。ですから、道一つ隔てたシマの間で、ことばの訛りが違うという表現も、けっしておおげさではなく、先述の私たちのアクセント調査で二〇〇以上の地域を調べたのも、そういう状況とかかわっているのです。

このような自律性をもった自己完結的なシマは「くに」とも呼ばれたのでしょうか、沖縄の古代的な祭祀歌謡を集めた古典『おもろさうし』のなかに、「ここらきのしまじま、ここらきのくにぐに」（たくさんのしまじま、たくさんのくにぐに）という詞章（第一〇巻五三）があります。「おもろ」には対《つい》句《く》表現がよく用いられていますので、「しま」と「くに」は同義とみることができます。この詞章は

シマごとの個性豊かな多様性をはからずも表現しているのではないかと思います。

海の壁に閉ざされた世界という視点から島嶼性を議論すると、シマごとのヴァリエーション（変差）の著しさが浮かび上がってきます。しかし、そのような地域的なちがいだけでなく、琉球列島には各島嶼群を超えた類似の現象や共通する要素もみられるのです。それは、海を道として移動したり交流したことの証であると思います。私の勤めている国立歴史民俗博物館では、考古学の分野で、今年の春から初夏にかけて、「新弥生紀行――北の森から南の海へ」というタイトルの展示を企画しました。そこでは南の海の貝を求めて北から人々が移動し、北の産物を南にもたらしたという弥生時代に、日本列島を南北に縦断した物の交流の歴史を展示しました。先に紹介した鹿児島から沖縄までの船旅のように、つぎつぎと見える島影をたよりに、そのころの人たちも南をめざしたのでしょう。

言語学でも、先に述べたようなアクセントの型に類比が見られるだけでなく、言語年代学による本土と琉球との言語の分離時期の想定がなされ、文法の面からも動詞の活用などに共通性があることが明らかにされています。とくに学生時代に「古文」の文法で悩まされた「係《かか》り結び」の法則などが、現代の沖縄方言の話しことばにあることも、琉球方言研究の世界では常識的なことになっています。

沖縄民俗学研究の新しい流れ

さて、私の研究領域である民俗学や社会人類学の面ではどうでしょうか。第二次世界大戦直後の一九四五（昭和二〇）年から、沖縄は米軍の統治下に入りました。奄美の島々は一九五三（昭和二八）

年に日本に返還されましたが、沖縄諸島以南は一九七二(昭和四七)年まで、米軍の統治が続きました。四半世紀にわたる米軍支配下のあいだに、民俗学や文化(社会)人類学の研究は、さまざまな刺激を受け発展し、変貌《へんぼう》しました。まず、アメリカの人類学者たちがたくさんやってきて、奄美、沖縄、宮古、八重山の群島に分散し、長期に滞在し調査するという、当時としては新しい方法で、それぞれの民俗文化のちがいや特徴を明らかにしたのです。その調査の意図には、占領政策とからんで琉球列島の文化と日本本土や中国、東南アジアの文化との関連を明らかにすることも含まれていました。その一人T・W・マレツキーは、当時の琉球列島への学術的関心について次のように述べています。

琉球への関心は、東南アジア大陸、インドネシア、フィリピン諸島と中国および日本の間をつなぐ地理的・文化的な境界地域への問題に集中している。琉球を研究した米国の人類学者は、日本人共同研究者と同様に、琉球には本土に住む本来の日本人よりもマライ・ポリネシア系の人々が住みついてきているのだと考えている。それは、この「琉球」列島が格好の移住経路に当たっているからであって、このため当然それは想像と推察に結び付く歴史的問題を解く重要な鍵を、この地域は握っているわけだが、確かな証拠は全く乏しい。

このマレツキーの指摘は、それまでの沖縄の民俗研究の大きな流れであった「沖縄の文化は基層的に本土文化と系統を同じくするものである」という考え方、いわゆる「日琉同祖論《にちりゅうどうそろん》」に立つ、沖縄が日本の「古俗が残る」地域であり日本民俗学の「宝庫」としてみる視点に、衝撃的な楔《くさび》を打ち込むものでした。

日琉同祖論

それでは「日琉同祖論」の視点とは、具体的にどういうものなのでしょうか。一六〇九（慶長一四）年、薩摩藩は三〇〇〇の兵で琉球に侵攻したのです。そして、琉球には王国としての体制は存続させ、一六一一年、これまで琉球王国の圏内にあった奄美を薩摩の直轄地としました。琉球には、それまでの冊封《さっぽう》体制（新しい琉球国王が即位するとそれを中国の皇帝が認知する体制。そのため正使以下四、五百人からなる冊封使と呼ばれる使節団を琉球へ送った）や、進貢《しんこう》貿易（中国との貿易。中国の皇帝に貢ぎ物を献上するという関係。琉球の産物の硫黄《いおう》や馬、日本の産物である刀剣、屏風《びょうぶ》、そして東南アジア地域からの胡《こ》椒《しょう》や染料となる蘇木《そぼく》などを中国に持って行くと、かなりの高値になったという）など、琉球王国と中国（明《みん》国。のちに清《しん》国）と関係を存続させるために、王国として存続させました。しかしそれは表面上のことであって、薩摩は、薩摩の命令なしに中国に品物を輸出してはならないこと、穀物などを量るのに本土の「京枡《きょうます》」以外は用いてはならないことなど、海外貿易や王国内の経済政策などを定めた「掟《おきて》十五条」を制定し、実質的に支配を強化しました。そのころの状況は、ドラマ「琉球の風」として、何年か前にＮＨＫテレビで放映されています。

国立歴史民俗博物館にも、そのころの日本とアジアの交易時代の展示がありますが、なかに琉球王国が中国との交易船を送った回数が示されています。それによると、一四世紀の末から二八〇年間に、

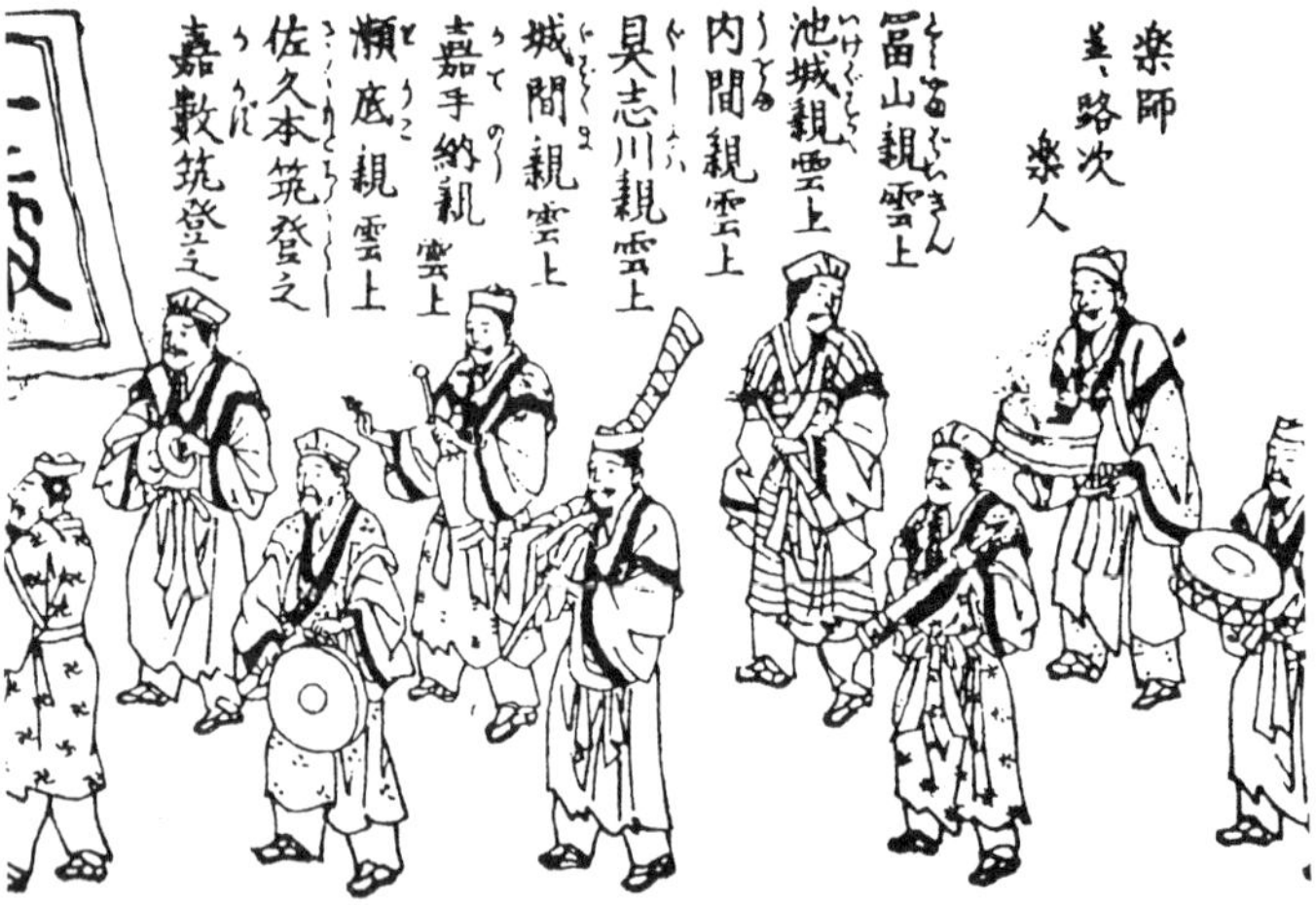

「江戸上り」行列の一部　楽師の一団

琉球から明に一七一回で、それに対し日本から明へは一九回、朝鮮から三〇回、ジャワからは三七回となっています。琉球王国の回数が群を抜いているのは、その地理的位置もかかわっていると思います。当時、中国は国策として海外に出ることを禁じていましたので、琉球はその地理的位置を生かして日本、東南アジア、中国を結ぶ中継地となったのです。

　薩摩はそのような状況を維持するために、中国から冊封使が来たときには、琉球が日本の影響を受けた生活様式を見せないようにし（つまり、実情は薩摩が支配していることをかくすため）、江戸幕府の将軍が代わるたびに慶賀使《けいがし》を、琉球の国王が代わるたびに恩謝使《おんしゃし》を江戸に送るようにしました。それを「江戸上《のぼ》り」と呼び、そのおりの琉球の使節一行の姿は中国的な装い、つまり「異国風」で、薩摩の役人に先導されたといいます（図参照）。

このやり方は、薩摩や琉球側それぞれの、中国や日本本土に対する思惑《おもわく》の反映なのでしょう。このような中国と薩摩（日本）との間で揺れる状況のなかで、琉球の人々の文化的アイデンティティ（自らが自らであることを確認するための文化的帰属認識、すなわち日本人として自分を認識するか、あるいはそうでないかという姿勢）もまた、揺れていたはずです。そのころの王府の中心にいた政治家で、王国最初の歴史書『中山世鑑《ちゅうざんせいかん》』を編集し、政策の実行法ともいえる『羽地仕置《はねじしおき》』を書いた羽地朝秀《はねじちょうしゅう》（尚象賢《しょうしょうけん》）は、言語や住民の習慣が日本本土に共通することを指摘し、琉球が日本と系統を同じくする文化をもつこと、すなわち「日琉同祖論」を主張したのです。

伊波普猷と柳田国男

羽地朝秀の主張は世代を超えて受け継がれましたが、「日琉同祖論」は沖縄の歴史的、文化的危機にあたって幾度か繰り返されてきたといえます。本土からの学者や知識人も地元の研究者も、「古代日本の鏡としての琉球」という視点を、それぞれの調査研究から補塡《ほてん》し、支えてきました。近代明治・大正期以降の琉球文化研究者の代表としてよくあげられ、「沖縄学」の先駆者として位置づけられる伊波普猷《いはふゆう》も、自らの地沖縄を「天然の古物博物館」と表現しています。

伊波普猷は言語学の出身でしたが、彼の琉球列島の文化に関する論考は、民俗学、文学、歴史など多岐にわたり、その当時の研究者に共通した総合的な視点をもっていたと言えます。彼に『おもろさうし』の研究を勧めた田島利三郎《たじまりさぶろう》、そして東京からつねに彼を見守っていた民俗学者柳田国男《やなぎたくにお》との出会いが、その学問的方向づけに大きく作用したと思います。柳田は、姉妹が霊的な力でその兄弟を守るという、「をなり神《がみ》信仰」に強い関心をもち、著作『玉依姫考《たまよりびめこう》』（一九一七年）や『妹の力』（一九二五年）のなかで、京都の賀茂神社の祖神《そしん》である玉依彦と玉依姫の例や、アイヌの伝承に見られる兄神と妹神の一組の神の観念を例にあげながら、古くは日本の各地で兄と妹との宗教上の密接なつながりが見られたのではないかと推論しました。伊波の論文「をなり神」は柳田の問題意識を、はじめて琉球列島の祭祀歌謡の分析や民俗の事例をふまえて検証したものでした。

「をなり」とは、兄弟から姉妹を呼ぶことばであり、逆に姉妹から兄弟を「ゑけり」と呼びます。「をなり」「ゑけり」とも、『おもろさうし』などに記された方言のかな表記であり、じっさいには、那覇方言で「ウナイ」「ウィキー」もしくは「ヰナイ」、八重山では「ブナリ」「ビキリ」など、地域によりちがいがあります。「をなり神信仰」というのは、兄弟が遠い旅に出るとき、その旅程の安全を守る印として自ら織った手巾《しゆきん》（小さな帯状の布。沖縄のことばではティーサジ）をあげたり、兄弟の家の穀物の豊作を祈る行事に姉妹が祝福の儀礼を行なうなど、姉妹は兄弟にとって神的な存在として崇《あが》める慣習です（第四章参照）。ちかごろは、沖縄でも稲作から砂糖黍栽培へと農業の基盤がかわったり、家族の在り方や人間関係などに関して価値観の変容もあり、「をなり神」という言葉さえ死語になりつつあります。しかし、現在でも豊年祭など穀物の豊穣を祈る場では、をなり（姉妹）を呼び、祈りをしてもらう儀礼が残っています。

沖縄本島の那覇近郊の浦添《うらそえ》市で、「をなり神」の由来について次のような話を聞くことができました。

昔、Mという家に空手《からて》に秀でた人がいたが、そのMに空手の手合せを挑んできた者がいました。M家の当主はティーチヌジという優れた技を持ち、それはどんな強敵でも倒すことができる抜群の技でした。でも、急に試合を申し込まれたので、この秘伝の技を使うのを忘れ苦戦し窮地に追い込まれました。ところが、そのようすを見ていたMの妹（をなり）が、兄にその必勝の技を思い出させようと、「ティーチ、ティーチ」と掛け声を出しました。その妹の声でMは技を思い出して、劣勢をはね返し相手を倒すことができました。そのことで、兄弟にとって姉妹は救いの神であることを認められるようになりました。

農耕に関する「をなり神」にまつわる儀礼として、旧暦六月の稲の刈り入れどき、それぞれの家庭では家の当主が、稲の初穂《はつほ》を拝んでもらおうと、刈りたての稲を脱穀精米《だつこくせいまい》した一升か二升の米を、他家に嫁《とつ》いでいる姉妹に届けたといいます。三人の姉妹がいれば三人それぞれに届け、その返礼としてかならず一盛りの塩を送られてきたといいます。

柳田、伊波によって提起された「をなり神」研究は、第二次世界大戦後、馬淵東一《まぶちとういち》さんに受け継がれ、進展します。台湾の山地に住む民族やインドネシアの民族文化の研究に多くの業績をあげていた馬淵さんは、柳田の励ましをえて、琉球列島の南部、宮古、八重山に集中的な実地調査を行ない、これまで文献中心であった「をなり神」研究に新しい視点を加えました。それはまず、琉球列島のなかでも「をなり神」信仰の分布が地域によって濃淡があることや、この兄弟姉妹の間の宗教的な意味をもつ関係が、インドネシアやメラネシア地域でも見出されることなどです。そのことについては、あとでまた触れることにします。をなり神信仰をめぐる本土と琉球列島の共通性を見通した柳田の視点は、馬淵さんによって、日琉同祖論の枠を超える視野にまで進展したのです。

日琉同祖論に立脚した沖縄現地からの代表的な論考は、伊波普猷の『日本文化の南漸《なんぜん》』（一九三九年）にみられます。伊波は、『おもろさうし』の神歌などの分析から沖縄人の祖先の発祥地を、南九州と想定しました。『おもろさうし』の詞章によく出てくる琉球人の祖先神「アマミキヨ」を、日本人の一派である海部《あまべ》であると推定し、それらが鹿児島から沖縄までの島づたいに南下して来たと考えたのです。そして、沖縄の人々の信仰に深くかかわる「ニライ・カナイ」（後述）という神々の源郷、そこから神々が訪れ幸をもたらすという海のかなたにある世界の方位が、海部の人々が渡来してきたころは、北の方であったのが、琉球王府の成立以降、琉球開闢《かいびゃく》の神話と王権儀礼と密接に関わる久高《くだか》島が沖縄本島東方にあることと結びついて、東方に変化したとの考えを提示したのです。しかし、伊波に学問的な刺激を与えた柳田は、この南下説には批判的で、とくにニライ・カナイの方位が変化したという説には否定的でした。

たしかに、沖縄や宮古、八重山での私の体験でも、神々の住む豊饒《ほうじょう》の源郷「ニライ・カナイ」の方向についての観念は固定的でなく、シマの地理的状況に左右される側面をもっています。東、西、南、あるいは海の底、または地底と方向は多様で、同じシマでも儀礼のなかで表現される方向は一定しないこともあり、二重になったりずれたりします（第四章参照）。宮古群島の多良間《たらま》島では、「ウマヌパヌ　ユーヌヌス」（午《うま》の方角のユーの主。南の方角におられる豊饒の主）という表現と、人が死んだらニッラ（ニライ・カナイ）の神の座につくという観念があり、たとえば根の深い草を抜こうとするがなかなか抜けないとき、「この根っこはニッラまで届いているのじゃないか」という表現をするといいます。ニッラが地底にあるという観念がうかがえます。

柳田国男が伊波普猷の考え方に批判的であったのは、柳田自身に南下説とは異なる発想があったからだと言われています。その発想は、彼の晩年、最後の著作『海上の道』（一九六一年）として世に出ました。その著作のなかで彼は、日本人の祖先が「稲作文化をともなって中国南部（華南《かなん》）から東シナ海に乗り出し、琉球列島を北上した」という仮説を展開したのです。稲作技術をもった人々が海に乗り出した動機は、南島に多く産し、古代中国で貨幣として使われ、東南アジアの山地で呪的な力をもつアクセサリーとして現在も使われているタカラガイ（二〇四ページ図参照）を求めてのことだったという、ロマンの薫《かお》り豊かなものです。しかしながら、稲作文化が琉球列島を北上したという柳田の推理は、琉球列島における稲作の歴史をめぐる考古学的なデータとはかみ合わないようです。

沖縄の独自性を見なおす

いずれにしても、この柳田の『海上の道』が出た時期とほぼ同じ時期に、さきほどのマレッキーの言説、すなわち辺境または境界域としての琉球列島に本土の日本人とは異なるマライ・ポリネシア系の人々が住みついてきたのではないか、それもこの島の連なりが移住経路として適しているからだ、という意見が日本の学界に紹介された（『民族学研究』二七巻一号、一九六二年）ことは、沖縄の本土復帰をめざして人々の本土志向がまだ強いときだけに、若い研究者に刺激的な印象を与えました。これが、沖縄文化、琉球列島の文化を日本文化の流れを汲む南の辺境文化ととらえる「日琉同祖論」の視点から抜け出し、本土とは異なる自らの「独自性」を見つめなおす気運の高まりにもつながったのです。

しかし、言語学や考古学、そして民俗学のうえでも、沖縄には本土と系統を同じくする要素はたくさんあります。「本土と同じ」ということだけに文化的アイデンティティーを求めることからの脱却が求められるようになったということです。民俗学の分野で言えば、十数年前に文化庁の企画で日本全体の民俗事象の緊急調査というものがありました。沖縄県教育委員会に送られて来た調査票を見ると、琉球列島、沖縄の民俗にない事象があります。たとえば「地蔵《じぞう》さん」「田の神」「道祖神《どうそじん》」などがそれで、日本本土の民俗を土台としモデルとした調査票を前にして、これをどうすべきか討論したことがあります。そして、琉球列島、沖縄なりの調査項目を検討すべきだということでは一致しました。

沖縄の民俗を直視し、本土の民俗学の概念から抜け出す必要があることを痛感したものです。いま、その作業は部分的になされつつあります。

第二章　中国大陸の文化と沖縄

一　中国大陸三〇〇〇キロを歩く——歴史の再現

一九九二年、中国福建省福州《ふくしゅう》市から北京まで浙江省を通り山東《さんとう》省を経てのおよそ三〇〇〇キロの道のりを、沖縄の青年たちが約三カ月の月日をかけて歩きました。全行程を歩くことに参加する三〇人あまりの人たちが中心になり、途中の特定の距離だけ歩いた人たちを含めると、延べ一〇〇人以上の人たちが、この壮大な計画に加わったのです。私もこの旅の学術メンバーの一人として参加しました。三〇〇〇キロを踏破《とうは》したかったのですが、仕事のつごうで最後の北京までの一〇日間だけを歩き通しました。最長の徒歩距離は一日三二キロで、歩きはじめのころは足がちぎれるような痛さに苦しんだのですが、二、三日もするとリズミカルに自然と足が前に出るようになったのには、我ながら驚きました。この三〇〇〇キロの旅の目的は何だったのでしょう。

一九九二年は、沖縄県が日本に復帰して二〇周年、そして日中国交回復二〇周年にあたります。その記念行事だったのでしょうか。たしかにそれを記念する意義もありました。しかしそれよりも、沖縄の歴史にとって、アジア世界に自らの位置を確立する大きなきっかけとなったできごとの、ちょうど六〇〇年目でもあったのです。

一三七二年、中国大陸で元《げん》朝を倒し、興《おこ》って間もない明《みん》国の洪武帝《こうぶてい》が、使者楊載《ようさい》を琉球にあった三つの小王国のうちの中山《ちゅうざん》（そのころは首里ではなく浦添にあった）に遣わし、朝貢《ちょうこう》（進貢《しんこう》）することを勧めてきました。それに応えて、中山王・察度《さつと》は弟の泰期《たいき》を進貢使として派遣し、進貢を受けた明国は琉球の王を認知する冊封使を送ってきたのです。こうして琉球列島の一小王国と、アジアの大国である明との交易関係が始まりました。進貢、冊封の関係は、中国の王朝が明から清に代わっても継続され、冊封体制は一八六六年の清朝による琉球王尚泰《しょうたい》（一四二九年には琉球は統一されていた）の冊封で終わります。

一三九二年、閩人《びんじん》（今の福建省地域に住んでいた人々）三十六姓《さんじゅうろくせい》が琉球にやってきたのです（図参照）。

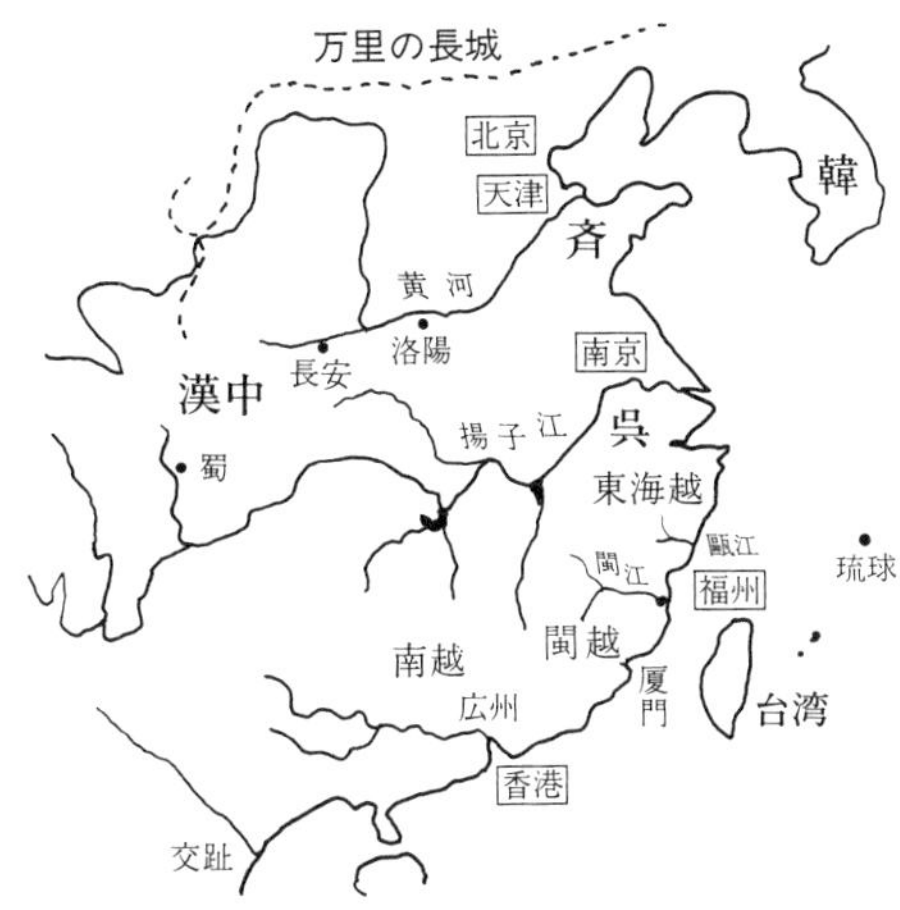

秦・漢時代の中国と琉球

そして、同年、最初の官生《かんしょう》（官費留学生）が琉球から北京に派遣されました。

三十六姓や官生については後で詳しく述べますが、一九九二年の中国大陸三〇〇〇キロを歩こうという企画は、中国と琉球の交流、六〇〇年の歴史をふりかえりながら、進貢使や官生が歩いた道のりを現代の若者たちがたどり、新しい交流、友好関係を模索する旅にしようというものでした。私は山東半島の天津《てんしん》を経て三〇〇〇キロの道すじを北京まで学生たちと歩き通したとき、大地を踏みながら世界を見ることがどんなにすばらしいことであるかを改めて感じました。飛行機での旅ではとてもそのような経験はできません。前に述べた、沖縄に来たいという東京の学生に船で来ることを勧めたことの意義を、自分で再確認することになりました。学生たちは道々、農家に立ち寄ったり、中国から移入され沖縄独自の型まで創造した武術・空手を披露するなど、中国の人たちとの交流はうまくいったようです。行程の最後で北京の天安門《てんあんもん》広場を通り、紫禁城《しきんじょう》の中庭で三〇〇〇キロ踏破のセレモニーを行なったとき、感激で涙ぐむ参加者が少なくありませんでした。参加者ひとりひとりに完歩記念のメダルが渡されましたが、私も〝役得〟でもらうことができ、大事にしまってあります。

この旅の途中、参加した人たちは沖縄に似た風物を見て、異国にいることを一瞬忘れるような場面があったかもしれません。福州を北京へ向けて出発する前に、参加した人たちは、福州市にある琉球人墓地に詣《もう》でました。沖縄の亀の甲羅に似た形の墓、亀甲墓《かめこうばか》をひとまわり小さくしたような墓が十数基あり、福州市当局によって手厚く保護されています。その一つ一つの墓碑《ぼひ》に刻まれた名前を確かめながら、中国語で言う「一路平安《イールーピンアン》」（旅の途中の平穏・安全であること）を祈りました。

先ほど述べたように、一四世紀の末に始まった進貢使はほぼ二年に一度、中国へ派遣され、一九世紀の中ごろ、明治維新の前まで続きました。進貢使の船団は二―四隻で、人数は総勢四、五百人だったようです。そのうち北京まで行く公的な使節は二〇人ほどで、中国皇帝への恭順《きょうじゅん》を表す文書や貢ぎ物を持って陸路を行ったのです。残りの乗組員たちは福州に滞在し、交易を行うことができました。それだけたくさんの人が渡航したのですから、なかには旅先で病にたおれた人も少なくなかったと思われます。福州にはかつて数百の琉球人墓があったという話もうなずけます。江戸上りの途中で亡くなった人の墓が静岡県に残っていますし、二〇世紀の沖縄の青年たちの三〇〇〇キロの旅でも、途中体の不調を起こし現地の診療所のお世話になった人が出ました。進貢使の旅は、那覇から福州までの船旅も危険を伴い、航海安全の神、媽祖を船中に祀《まつ》ったという話も理解できます。

このような一四世紀から一九世紀、五〇〇年にわたる中国との交流によって、多くの文化が琉球列島にもたらされましたが、その交流の裏には、異郷の地で故郷を偲《しの》びつつ死んでいった人々がいたのです。そのことを思うとき、私には、遣唐使《けんとうし》の旅で中国の土となった阿倍仲麻呂《あべのなかまろ》がふるさと日本を思って詠《よ》んだ、

天《あま》の原ふりさけ見れば春日《かすが》なる　三笠《みかさ》の山に出でし月かも

の歌よりも、琉球民謡「浜千鳥節」の、

旅や浜宿り《イ》　草の葉《ファ》の《ヌ》枕　寝《ニ》てん忘《ワシ》らぬ　我《ワ》親《ヤ》の《ヌ》お《ウ》側《スバ》

が頭に浮かびます。

二　琉球にもたらされた中国文化

中国と沖縄の食文化

三〇〇〇キロの旅に参加した人たちのなかには、前に述べたように、初めて見た中国の生活様式にふれ、タイの山地で私が体験したような「自分が小さいころ見たもの」に出会ったような気持ちになった人もいたと思います。福州市の琉球人墓や、路傍の邪気避《じゃきよ》けとして置かれる「石敢当《せきかんとう》」（沖縄のことばでイシガントウ。後述）などに、親近感を覚えたかもしれません。また中国の食事も、沖縄の家庭で食べる料理にちかいものがあったり、市場で売られている食品に沖縄の那覇の公設市場を思わせるものがありました。そこでは、たとえば俎《まないた》のような板に乗せられ売られている固めの豆腐《とうふ》、そして豆腐といっしょに炒《いた》めるとおいしい野菜、沖縄では「ウンチェー」と呼んでいるものが売られています。その野菜は、葉が甘藷《かんしょ》（サツマイモ。ふつう沖縄では芋《ンム》と呼びます）に似た、田んぼなどにつくられるもので、香港《ホンコン》では茎が管《くだ》状になっていることから、「通菜」（トンツォイ）と呼んでいました。それを小エビをすりつぶして醱酵《はっこう》させてつくったソース「蝦醬」（ハーチャン）で炒めた料理「蝦醬通菜」（ハーチャントンツォイ）を、以前香港で食べたことがあります。とてもおいしく、よく足を運んだレストランでしばしばそれを食べていたせいか、そのレストランでは覚えられて、店員は私がテーブルにつくと、にっこり笑いながら「ハーチャントンツォイ?」と声をかけてくれたものです。

沖縄の人々は中国の旅行中、食べ物にそれほどどうるさく注文をつけないと中国人のガイドから聞いたことがあります。それは、お互いの食文化にそれほど距離を感じないからでしょう。豚肉料理が沖縄のさまざまな祭りや行事に欠かせないことは、本土の食文化と対比する特徴として指摘されています。しかし、いまでこそ豚肉は日常食になり、角煮《かくに》や三枚肉《さんまいにく》（厚手の、脂身《あぶらみ》と肉が互いに層になったあばら肉）などが店頭で手に入りますが、第二次世界大戦前、昭和の初めころのふつうの家庭では、豚肉を食べる機会は、お正月など年に一度か二度くらいだったといわれます。那覇市のはずれにある漁村に住んでいた私の家でも豚を飼っており、餌《えさ》は毎日の食事に出てきた甘藷の皮や、祖母が自分で豆腐をつくった後のかすなどを与えていました。そのころ、甘藷を食べた後残った皮の部分を集めて直径一〇センチくらいの球状に固めたものを、市場に持って行くと、「豚の餌買い」がいて、一個一銭で買ってくれました。一銭で煎餅《せんべい》のようなお菓子が二個買えました。

ほとんどの家で豚を飼っていましたが、その肉が食卓に出るのはごく稀で、飼っていた豚は売りに出しました。正月が近づくと、各家あるいは二家族共同で一頭の豚を屠《ほふ》り、正月用を含め次の年の食用として準備をするのです。豚肉は塩漬けにし甕《かめ》に保存されますが、脂身の部分は鍋で炒めて脂（ラード）をとり、日常の料理に使い、かつては味噌汁《みそしる》などにも〝味付け〟として数滴入れて使っていたことをおぼえています。豚をむだなく頭の先から足の先まで、食品として利用しようとする考え方と技術は、中国から学んだものと思います。ミミグヮー（耳の皮）の酢の物、ナカミ（胃や腸）の吸い物、アシティビチ（豚の足の煮込み）などは、琉球料理の独特なメニューです。中国流の「医食同源《いしょくどうげん》」（食物がすなわち医薬であるとするもの）の考え方も日常の食生活に生かされています。私が風邪をひき、せきなどが長引くと、母は「肺を強くする」と言い、フク（豚の肺臓）を料理してくれたものです。

沖縄の食文化が、日本と中国との間でどのように位置付けられるかについては、琉球大学の金城《きんじょう》須美子《すみこ》さんのすぐれた論考があります。また、家庭の食卓での食べ方も、ごはんとお汁はひとりひとり別々だけど、おかずは真ん中に置かれた食器からつまんで食べ合う、それを沖縄では「ユーラーティー」（「寄り合って食べる」という意味です）と呼びます。中華料理の卓《たく》（テーブル）を囲んだ食事がそのような形式です。いまでは沖縄の家庭でもご飯、お汁、そしておかずも各々の皿に盛られる形が一般的になりました。食文化に限らず、琉球列島には中国文化の影響が一般の人々の生活にまで見られます。

石敢当、シーサー、ヒンプン

その良い例として、まず、本土から訪れる人の目につくのは、那覇の市街でもみられ、イシガントウと呼ばれる「石敢当」と刻まれた高さ三〇―五、六〇センチの石碑でしょう。ふつうT字路の突き当たりや家の石垣にはめこまれるように立てられています。この碑は、人が歩いているとき、その人のもっている魂《たましい》（マブイ）の力が、歩いていく方向にある家になんらかの災いをあたえるとの信仰から、それをさえぎるために立てられるものです。那覇市の繁華街、有名デパートの角にも石敢当の碑が立てられており、それはデパートが平和通りという商店街の道すじの突き当たりにあり、商店街からデパートへ歩いてくる人々のマブイの力を遮断するという信仰的意味を示しています。しかしいま、那覇一番のこの繁華街を通る人の何人が、この碑の本来の意味を知っているのでしょうか。単なる〝魔除《まよ》け〟のエンブレム（?）ぐらいにしか見ていないのかもしれません。それでも、新築の家の塀や団地の片隅に、この碑が立てられているのを見ることができます。

この石敢当の習俗は中国に由来する（七七〇年、福建省甫田県《ほでん》にたてられたという説があります）ものといわれており、私自身香港の漁村や浙江省の農村で見かけました。香港で見たのは木製のもので、民家の二階のベランダの軒にありました。また、水上家屋に住む家族の例では何も印《しるし》もされてなかったのですが、台所の柱のところに石敢当が祀られていると聞きました。この石敢当は本土でもあちこちに見られ、分布の北限は青森県のようです。

中国大陸から琉球に伝わったもので、この石敢当のほかに目につくものとして、沖縄独特の赤瓦屋根の上にある獅子《しし》像（シーサー）や、ヒンプンと呼ばれる、屋敷の門と母屋《おもや》の間におかれる一種の障壁があります。これは、竹を編んだものや土塀状のものまであり、単なる目隠しの機能ばかりでなく、石敢当と似た意味をもっています（注）。

〔注〕これらの大陸から移入した文化については、窪徳忠『中国文化と南島』（一九八一年、第一書房）や渡邊欣雄『世界のなかの沖縄文化』（一九九三年、沖縄タイムス社）などの研究書があります。

三　大陸文化を運んできた人たち――三十六姓と官生

琉球列島の文化に溶け込んだ大陸文化、それはどのようにして琉球に渡って来たのでしょう。中国三〇〇〇キロの旅の企画は、一三九二年、大陸の帝国明への進貢が始まり、閩人《びんじん》三十六姓が琉球へ渡来し、また琉球からの官費留学生である官生の第一陣が北京に旅立ったことを記念するものであったことは、すでに述べました。この渡来人である三十六姓や留学生・官生が、大陸文化の伝来に大きく関わったことは否定できません。ただし、このような国家による組織的な通交だけが、文化を運んできたのではないことも確かでしょう。海を渡る技術を手に入れることが困難な時代、すなわち海が外界への「道」でなく「壁」であった時代、島嶼性は「閉鎖性・孤立性」の同義語であったのです。しかし、なにかの手段、なんらかのきっかけで海が道になったとき、島嶼性は「解放性・交流」に結びつき、海が積極的な意味をもつようになり、広大な海域をもつ世界へと変わるのです。このことを、語としてはまだ未熟ですが「海洋性」と呼ぶことにします。つまり島嶼性は海洋性につながるようになると思います。私が前に『海洋文化論』という論文集を編纂《へんさん》したとき、「海の広がりによってつながる島嶼地域」としての琉球列島の文化を主張したかったのです。

進貢貿易、冊封体制を通じて中国との関係を密にしたことで、東シナ海は交易の海としてより大きく変わったと思います。むろん、さきほど述べたように国家間の交易体制だけが、文化を運ぶことに関わったのではありません。たとえば、沖縄に中国から甘藷栽培の技術が伝わったのは、一六〇五年、進貢船の総官であった野国《のぐに》総官によってであるとされていますが、宮古島にはそれとはまったく関係のない甘藷伝来の伝承があり、その伝来に関わる人物を祀る拝所があるのです。さらに、神話的な穀物伝来の伝承も南海の地とつながっており、柳田国男の『海上の道』のロマンも、進貢船、冊封使の歴史よりはるか遠い時間のかなたにあるものです。

しかしながら、現在琉球列島の民俗文化にみられる中国的な要素のほとんどは、進貢・冊封体制設立以後に移入されたものと考えてよいと思います。

閩人三十六姓と唐栄

一三七二年に明へ進貢使を送ったことを契機に、大陸との交流はいっそう盛んになり、二〇年後の一三九二年、閩人《びんじん》三十六姓がやってきたのです。三十六姓とはいったいどういう人たちだったのでしょうか。まず、三十六という数字は実数をいっているのではなく、「多くの」という意味を表すものと思われます。ほかに、じっさいには五〇以上の島がある琉球列島を「琉球三十六島」と呼ぶ表現もあり、京都周辺の山々を「東山《ひがしやま》三十六峰《ぼう》」と呼ぶような慣用的、文学的表現と同じものです。姓とは中国人の名前の毛、周、鄭などの姓のことです。ですから、三十六姓というのは、技術や知識をもったいろいろな人たち、いわばテクノクラート、技能集団ということでしょう。儒教思想に通じた人、中国の官僚制度に詳しい人、あるいは、方位を占う「風水《ふうすい》」の知識をもった人、造船技術の専門家など多彩な人々がやってきたのです。また、「十八姓」と記した史書もあります。「武芸十八般《ぶげいじゆうはつぱん》」というのと同じ表現です。

とにかく、多くの人がそのころ大陸から渡って来たわけで、明王朝の公的な命を受けてきた人々だけでなく、進貢貿易が始まる前から個人的な〝密貿易《みつぼうえき》〟をたくらんできたような人もいたかもしれません。東シナ海のかなたの大陸、中国からみれば、東海に連なる島々、その地理的な位置のもつ可能性に夢を託してやってきたことでしょう。

三十六姓とは、そのような一四世紀から一五世紀、中国との公的に交流を始めた時期の渡来人の総称であるといわれています。彼らは那覇の一角に住むようになり、それが中国からの渡来人の集落として、久米村《くめむら》（沖縄方言でクニンダ）と呼ばれました。久米村の人たちは自らを「唐栄《とうえい》」と呼びました。久米村の始まりはこのように中国からの渡来人の集落でしたが、一六世紀後半になって、対外貿易の衰微にともない久米村も衰退した時期がありました。王府はその再興に力を入れ、新たに中国から渡来人を迎え、また、本来首里や那覇出身の者でも、語学力に秀でた者などを唐栄として入籍させました。唐栄という自称は、琉球の繁栄に貢献したという誇りと自負に満ちた住人の心を示すものです。

たしかに、久米村からは琉球王国の政治、文化に大きな足跡を残した人物を多く出しています。日本本土で初めて麻酔による手術に成功した江戸後期の華岡青洲《はなおかせいしゅう》よりも百年余も早く、麻酔手術を開発した魏士哲《ぎしてつ》（高嶺徳明《たかみねとくめい》）、儒学の基本を説いた『六諭衍義《りくゆえんぎ》』や琉球と中国間の航海術の指導書『指南《しなん》広義《こうぎ》』を著した程順則《ていじゅんそく》（名護《なご》親方寵文《ちょうぶん》。親方はウェーカタと呼び、王府の位階の一つ）、近世琉球の儒教を軸にした改革や農政、林政に指導性を発揮した政治家蔡温《さいおん》（具志頭《ぐしちゃん》親方文若《ぶんじゃく》）など枚挙《まいきょ》にいとまがないほどです。程順則の『六諭衍義』は本土の儒学者荻生徂徠《おぎゅうそらい》が訓点《くんてん》をつけ、一七二一年室鳩巣《むろきゅうそう》が和訳して『官刻六諭衍義大意』として刊行され、日本中の藩校や寺子屋で使われました。

久米村は知識・技能集団の街として琉球王国の栄光を支えてきましたが、アジアの各地に見られるような、いわゆる中華街・華僑《かきょう》の街にはなりませんでした。沖縄の歴史家が指摘するように、一五世紀末ポルトガルのヴァスコ・ダ・ガマのインド航路発見など、ポルトガルやスペインのアジア地域への進出にともない、琉球王国の海外交易も衰退し、久米村も中国から人材が進出して来ることもなくなり、福建省などからの渡来人の末裔《まつえい》は琉球人として土着化していったのです。

一九七四年の夏、私は友人の歴史家高良倉吉《たからくらよし》さんといっしょにマレーシアのマラッカを訪れました。一四六三年から一五一一年まで琉球の交易船が出入りしたというマラッカの港や街を散策し、かつての琉球の人たちの足跡を尋ね歩きました。しかしその痕跡《こんせき》は見当らず、ただ、沖縄の亀甲墓に似た中国人の墓が目立つだけでした。期待に胸ふくらませてマラッカにやってきた高良さんのがっかりした表情が、いまでも目に浮かびます。しかし、かつてこのマラッカにやってきた琉球の交易船の乗組員は、語学力や航海術に優れた久米村の人々が中心になっていたと思います。マラッカの歴史博物館に展示されていた物のなかに、沖縄の空手に使う「サイ」という武器に似た品があり、それが一五世紀の琉球人の残したものかどうか、いまでも気になっています。

琉球列島の社会史、文化史に独自の位置を占める唐栄、その末裔にとって自己の出自《しゆつじ》の記録あるいは伝承は、今日でも一人一人のアイデンティティ、つまり自分が自分であること、出自の証明に大きくかかわっているのです。

唐栄の祖先探し

沖縄本島中部の具志川《ぐしかわ》市では毎年、獅子舞《ししまい》祭りが開かれます。一九九二年の獅子舞祭りに、歴史的にも文化的にも沖縄と関係の深い、中国福建省の獅子舞を招くことになり、その調査に私も参加することになりました。具志川市の教育委員会の職員や郷土史に興味をもつ人に加えて、参加希望者を募ったところ、久米村人の唐栄の末裔であるという人が二人加わりました。その人たちの参加の動機は、「自分たちの一門の祖先は、中国福建省から来たと家譜にも記録がある。その祖先の出身地を訪ねたい」ということでした。あらかじめ旅行社を通して中国側にも手配を依頼してありましたが、はたしてその希望はかなうかどうか、不安のままに出発したのです。

中国の福建省について六カ所ほど、地域の歴史や文化財にくわしい人たちに案内されながら、それぞれの地域の特色ある獅子舞を見学することができました。獅子舞については後で述べますが、祖先の「出身地探し」の人たちの夢はかなえられたのです。

先祖の村をたずねて参加した人たちに朗報が届いたのは、中国に来て四、五日目だったかと記憶しています。沖縄を発つ前に手がかりになる参考資料として中国側に送っておいた、祖先の氏名（中国式の姓名）や出身地などを記録した家譜（系図）のコピーが、かなり役立ったようです。先祖の姓は「金」であり、生まれた土地も記されていますから、中国によくある同姓の人たち、一族がまとまって住んでいる「同姓村落」を中心に、現地の人たちが探して歩いてくれたようです。

中国の伝統的な村では、かつては一族ごとに先祖の系譜や業績、官職などを記録した「宗譜《そうふ》」というものがあり、現在生きている人たちがお互いにどういう血縁で結びついているかを確認したり、また一族の連帯を強めたりしていました。そのような史料が、文化大革命の「旧慣打破」の運動で焼却されたりして失われた地域もあります。後でまた詳しく述べますが、沖縄の家譜も中国の宗譜と似たような形式と役割をもっていますし、しかも漢文で書かれているので、そのコピーを見た現地の人は驚いたかもしれません。一生懸命あちらこちら探したようです。

先祖の村発見の報せに、獅子舞調査の旅に加わった人たちもみな一緒に、それっとばかりその村に行くことにしました。広い田圃《たんぼ》や畑のそばを通り、小川を渡って小さな村につきました。村人たちがおおぜい村の入り口で待っていました。はるか遠い島からやってくる者がいるというニュースが村中に伝わったのでしょう。村の代表と思われる人が私たちを案内してくれたのは、かつて一族の祖先を祀る行事などを行なった祠堂《しどう》の跡らしく、いまは位牌《いはい》を祀る祭壇もなく、村の集会所のようになっていました。しかし、その白い壁一面に一族の系図みたいなものが書かれており、七、八代から一〇代前の人物の名前の下に「琉球に行った」という意味のことが記されておりました。「それだ！」と具《ぐ》志堅《しけん》さんはその人物の名を指差して叫びました。沖縄側の記録と中国側の記録（伝承）がここでつながったのです。村の人々は遠い島から子孫がやってきたと、爆竹を鳴らして祝福と歓迎の意を表してくれました。そして、その先祖に縁《ゆかり》のある家に行き、その家の祭壇に線香をあげました。具志堅さんは感激のあまり顔を赤らめながら、「長い間の念願がかなった。ほんとに来てよかった」と、先祖の地を踏んだという喜びを短く語りました。自己の出自にこだわり、それを誇りにするという、久米村の人の気質が理解できたできごとでした。先ほど述べたように、琉球ではさまざまな歴史的状況のなかで、華僑《かきょう》のような華人社会を形成することなく、琉球人、沖縄人として土着化してきた唐栄の子孫たちですが、自分たちの源郷としての中国大陸によせる思いのなかに、私はある種の「華人意識」をみたと感じました。

獅子舞の意味

さて、獅子舞に話をもどしましょう。琉球列島の獅子舞については民俗芸能としての研究はいくつかあるものの、アジアなど周辺地域との比較はそれほど深められてはいません。獅子が邪悪を払うという信仰上の意味は本土と共通するものですが、その獅子の形態はかなり違うようです。本土の獅子舞の獅子は、かるわざのように動きが軽くできるように胴体の部分が唐草模様の布で作られているのがよくみられますが、琉球列島の獅子は麻縄《あさなわ》などをほぐして作った毛をつけており、本土の獅子よりリアルな形をしています。沖縄の歴史や文化の研究家であった真境名安興《まじきなあんこう》さんは、沖縄の獅子舞は本土の獅子舞より中国のものにちかいと書いています。

獅子の踊りの「振り」というか儀礼的な「しぐさ」というか、動作は、〃かるわざ〃のような要素を多くもつものと、動物としての動きをリアルにうまく表現することをめざすものといろいろです。また、獅子を操る人が一人であるのと二人のとあり、獅子の数も一頭だけのものがあったり、二頭や三頭の組合せなどがあります。琉球列島の獅子舞は、沖縄本島地域が一頭であるのに対し、宮古、八重山地域は村の祭りに二頭の獅子が出ます。八重山の石垣島、川平《かびら》の豊作を祝う祭り「キツガン」(結願)には、雌雄二頭の獅子が出ます。

私たちが見ることができた福建省の獅子舞にも、いろいろなちがいがありました。香港の獅子舞は、ジャッキー・チェンの演ずる武術映画で見るような、曲芸的な要素が強いのですが、福建省の福州市周辺で見た獅子舞にもそのような曲芸的なものがありました。私は琉球列島の獅子舞のもっている「災厄《さいやく》を祓《はら》う」という信仰的な意味は、もう中国では薄れてしまったのかと懸念していたところ、その不安を吹き飛ばすものに出会いました。それは福建省福州市の盖山郷というところで見た獅子舞です。その地域の獅子舞は、結婚式とか家の新築祝いなどの席に招かれ、災厄を祓い福を呼ぶ芸をするものでした。

そこでの獅子舞は、『三国志』の英雄、関羽《かんう》を祀る関帝廟《かんていびょう》の跡だったと思われる建物のなかで演じられました。この獅子舞の芸はある家族に代々受け継がれているようで、その家族を中心に獅子舞のグループがあり、いまでも祝いの席によばれることがあると、その家族は言いました。獅子舞の劇的な構成がすばらしく、そのような獅子舞を見るのは初めてでした。

まず、雌雄二頭の獅子が登場し、両端の柱によじ登る動作をしたりします。それは新築の家の厄祓《やくばら》いのしぐさと思われますが、そのあと雌雄が向き合っての舞いが続き、しばらくして舞台の中央で雌の獅子が観客に背を向けるような姿勢をとります。

足の間から何やら動くものが出てきました。子獅子の誕生です。小さな子供が扮《ふん》した子獅子が立ち上がり、歩きだしたのです。家の新築と子宝に恵まれることは、一族の最高の幸福を象徴するものです。銅鑼《どら》などの音楽にあわせて三〇分ほどのドラマでしたが、このような夫婦《めおと》獅子と子獅子の組合せはめずらしく、しかもこれは、獅子の民俗の原点ともいえる厄祓いと、人間の理想的幸福を祝う儀礼が重なりあったもので、かるわざ的な動きを主とする獅子舞とは文化の系統が異なるものに見えました。琉球列島に伝わったのは、かるわざ的な要素の少ない夫婦獅子の系統なのでしょうか。琉球列島の北、沖縄地域は一頭立ての獅子舞、南の宮古、八重山の獅子舞は二頭立てです。そのちがいを生んだのは何でしょうか。

中国の獅子舞の様式には、長江《ちょうこう》（揚子江《ようすこう》）を境に北と南のちがいがあるとされていますが、香港も福建省もどちらも揚子江の南、華南です。では、どちらが北で、どちらが南の様式なのか興味がわき、調べてみたいと思いましたが、今後の〝宿題〟にとって置くことにしました。福建省の獅子舞を見る旅は、久米村の住人・唐栄の末裔が祖先の故郷を尋ねあてたということがあり、とても印象に残る旅になりました。もしかすると、十四、五世紀、具志堅さんの祖先が福建省を離れて琉球に向かうとき、獅子舞の文化もたずさえていった可能性もあると推測したりしました。

官生の渡行

一三九二年、三十六姓が大陸から渡来して来たとき、琉球から最初の官生が中国に渡って行きました。当時アジア最高の文明都市であった南京や北京をめざして。官生とは、前にも述べたように琉球王府から学費を支給される「国費留学生」のことで、この制度は琉球国内の事情で二度の中断がありますが、明治維新の一八六八年までの四七六年ものあいだ続き、延べ一〇〇人ちかい若者が選ばれて中国に渡ったのです。当初は王子や地方の高官の子弟が選ばれましたが、一五世紀の終わりごろ尚真《しょうしん》王の時代から特権的に久米《くめ》村出身の者が選ばれるようになりました。さらに一八世紀の末、尚温《しょうおん》王の代には久米村の独占は廃され、首里や那覇など他の地域の士族からも派遣されるようになったのです。

官生は中国の最高学府国子監《こくしかん》（明朝時代には南京、清朝になって北京に移される）に入学を許され、七、八年間修学しました。その間宿舎は提供され、その他学費、生活費は中国から支給され、琉球王府からも支給品などがありました。国子監の入学者は主に中国の王族や貴族の子弟であったようで、さらに朝鮮半島の百済《くだら》、新羅《しらぎ》など、またロシアの王侯貴族の入学生がいたといいます。学ぶものは『礼記《らいき》』や『論語《ろんご》』など儒学を説いた「四書五経《ししょごきょう》」はもとより、歴史書、文学などの古典の学習、詩作などがあり、およそ一〇〇〇冊の書物を読破したといわれます。

官生としての修学を卒《お》えた人たちは、帰国すると、通事《つうじ》（通訳）をはじめ、王府の要職についた者も多く、薩摩の琉球侵攻のおりに琉球の立場を主張しつづけ処刑された、当時の三司官《さんしかん》（琉球王府の最高位の行政官）、鄭迵《ていどう》（謝名《じゃな》親方利山）も官生出身でありました。

この官生のほかに、「勤学《きんがく》」と呼ばれる私費留学生がいました。官生よりも多く派遣されましたが、勤学が学んだのは南京や北京の国子監ではなく、彼らは福建省の福州にあった琉球の外交公館「琉球館」に三年間滞在し、自分でつてをたよって師となる人物を探し、そのもとで修業したのでした。福州の琉球館の跡は、第二次世界大戦中の一時期は民間の工場に使われていましたが、那覇市と福州市が姉妹都市となるなど友好が深まり、現在は記念館として整備されつつあります。勉学を終えて琉球にもどった彼らは、通訳や文書の作成、造船、航海技術などで、進貢貿易を支える実務に従事しました。

官生や勤学の制度が中国との文化交流に重要な役割を果たしたことは否定できないことですが、一方では中国に渡る途中遭難し、命を失った若者もいました。また、一九世紀のアジアはヨーロッパ列強との軋轢《あつれき》のなかで苦悩していた時代であります。東シナ海に浮かぶ小さな国、琉球に生まれた才能豊かな若者たちは、大国中国あるいは日本本土との間にある自分の国の行く末を真剣に考えていたことでしょう。首里出身で官生に選ばれた東国興《とうこくこう》（津波古政正《つはこせいせい》）が、列強を相手に阿片《あへん》戦争に敗れた中国の状況をみて苦悩していたのは、時あたかも琉球国が日本の領土に組み込まれた「琉球処分」のころであり、彼は琉球国の最後の国王となった尚泰に、これまでの中国との冊封・進貢のあり方を見なおすよう進言したといわれます。また、強行された琉球処分に反発し、中国（清朝）政府に故国の窮状を訴えに行き、思いを果たさず、中国で自らの命を絶った久米村出身の林世功《りんせいこう》（名城里之子親雲上《なしろさとぬしぺーちん》）は、一八六八年の最後の官生でした。

四　中国的な社会制度の受容——姓・父系あるいは男性中心の仕組み

沖縄の姓と苗字

これまで述べてきたことで、人名のほとんどに「唐名」、つまり中国的（正確に言えば漢族または漢民族的）な姓名《せいめい》と、地元沖縄の苗字《みようじ》（区別するために沖縄的な姓は苗字と表記した）名前が併用されていることを、妙なことと思った読者もおられるでしょう。この中国的な姓は、琉球、あるいは沖縄の社会史について考えるとき、かならず知らなければならないことがらなのです。それは、一七世紀以降の琉球の身分制度の確立、階層社会化という現象と関連しています。言い換えれば、琉球列島の歴史に登場する英雄的人物の名前が、中国的姓がついている場合とついていない場合があり、それが琉球列島の社会の変化と結びついているということです。

たとえば、前節で述べたように官生制度は一四世紀末に始まりましたが、その第一回目の官生の名前は「日孜毎《にしみ》」(西銘《にしめ》?)、「闊八馬《うはま》」(大浜《おおはま》?)、「仁悦慈《にえじ》」(美栄地《みえじ》あるいは新地《にいじ》?)の三人と記録されています。これは、現在でも使われている沖縄的な苗字《みようじ》で、それに漢字をあてているだけで、中国的な姓は使われていません。もちろん、三十六姓など大陸から渡ってきた人たちは、本来の中国姓をもっていました。

一五世紀の中ごろ、沖縄本島の中部、東海岸勝連《かつれん》半島の城を拠点にした日本本土などとの交易によって、強力な勢力をもっていた人物「阿麻和利《あまわり》」は、中国的な姓名ではありません。また、彼に城を攻め落とされた先代の按司《あじ》(後出)の名は茂知附《もちづき》(望月?)で、沖縄的でありまた日本本土にもむすびつきそうです。なお、「望月」は勝連城の女性神役の名前としても、神歌にも登場しています。阿麻和利が本土をはじめ大陸とも交易をしていたことは、その居城、勝連城の跡から高麗瓦《こうらいがわら》や中国の青磁《せいじ》、須恵器《すえき》などが出土していることからもうかがえます。琉球列島各地の祭祀歌謡を中心に編集した歌集『おもろさうし』の巻一六には、阿麻和利を讃える歌が多く収められており、そのなかのひとつに、勝連の栄光を歌った次のようなものがあります。

勝連わ　何にぎゃ　たとゑる
大和の　鎌倉に　たとゑる
肝高わ　何にぎゃ

阿麻和利だけでなく、一三七二年、中山王の察度《さつと》が明国の洪武帝の求めに応じてから進貢使を送った同時代に、相次いで一三八〇年明に進貢した「山南《さんなん》」（沖縄本島南部）の主「承察度《うふさつと》」、一三八三年に進貢した「山北《さんほく》」の城主「伯尼芝《はにじ》」の名も、このような漢字をあてられていますが、それは沖縄の地名に由来し、現在も使われている苗字「大里」「羽地」と考えられます。いまでも山南の城の近くには大里という名の集落があり、羽地は沖縄本島北部の地名です。どちらも沖縄の苗字としてよくみられるものです。

このようなことから、中国的もしくは漢民族的な姓は、古くから琉球で使われていたのではなく、大陸との接触によってもたらされた文化の影響とみることができ、また、じっさいにそれは首里王府によってなされた社会制度の整備とかかわるのです。

系図と身分制度

一六八九年、首里王府に「系図座《けいずざ》」という役所が創設されました。それは、社会を「士族」と「諸民」の階層にわけるためでした。琉球では士族を「サムレー」（さむらい）あるいは「ユカッチュ」

（よかひと）、士族以外の平民を「ヒャクショウ」（百姓）と呼びました。本土の武士と同じ呼び方の「ブシ」は、空手など武術に優れた者（武芸者）を言います。沖縄の「士族」は、日本本土の士族とは、その発生の歴史的背景、文化的基盤が異なるように思います。

王府は、当時地頭《じとう》（村の頭、区長や村長にあたる）など、その先祖が按司《あじ》（位階の一つで主に王族）と呼ばれる領主や由緒のある人物である一族や家々に、それぞれの先祖とのつながりや、歴代の先祖の名前、子供の名前、出生順、位階や官職、生年・没年、中国など海外渡航の経歴などを記したものを系図座に提出させました。系図奉行を長（主任）とする系図座でそれを厳しく調べ、誤りがないものとそこで承認されれば正本と副本を作り、王府の印を押して正本は系図座に保管し、副本は一族の宗《そう》家《け》（本家）に渡されました。そのような系図は「家譜《かふ》」（八一・八二ページ図参照）とも呼ばれ、それをもつ家やそれに名前を記録された人は、王府の認可を受けた「筋目《すじめ》（祖先とのはっきりしたつながり）正しい者」としての資格を得ました。その家譜をもち、あるいはその家譜にきちんと記された者が「士族」として扱われました。それがないものは士族でない「百姓」とみなされたのです。きちんとした家譜・系図をもつ者ということで、士族は「系持ち」とも呼ばれ、そうでない者は「無系」と呼ばれました。

由緒のある先祖をもつ一族や家々で系図・家譜を編集する気運が高まったのは、系図座の設置だけがきっかけになったのではないようです。一六七〇年に評定所《ひょうじょうしょ》（行政・司法の最高位の役所）から、

「「役人など官職にあるもの」の筋目《すじめ》について、公儀《こうぎ》（王府）にきちんと報告がないので、それぞれ系図をつくり提出するように」という通達があったようで、それがきっかけであったといわれています。家譜は、琉球の社会における身分制度・階層制の成立に大きく作用したのです。

王府の系図座に家譜を提出してその認知を受けるということと関連して、もう一つ重要なことは、

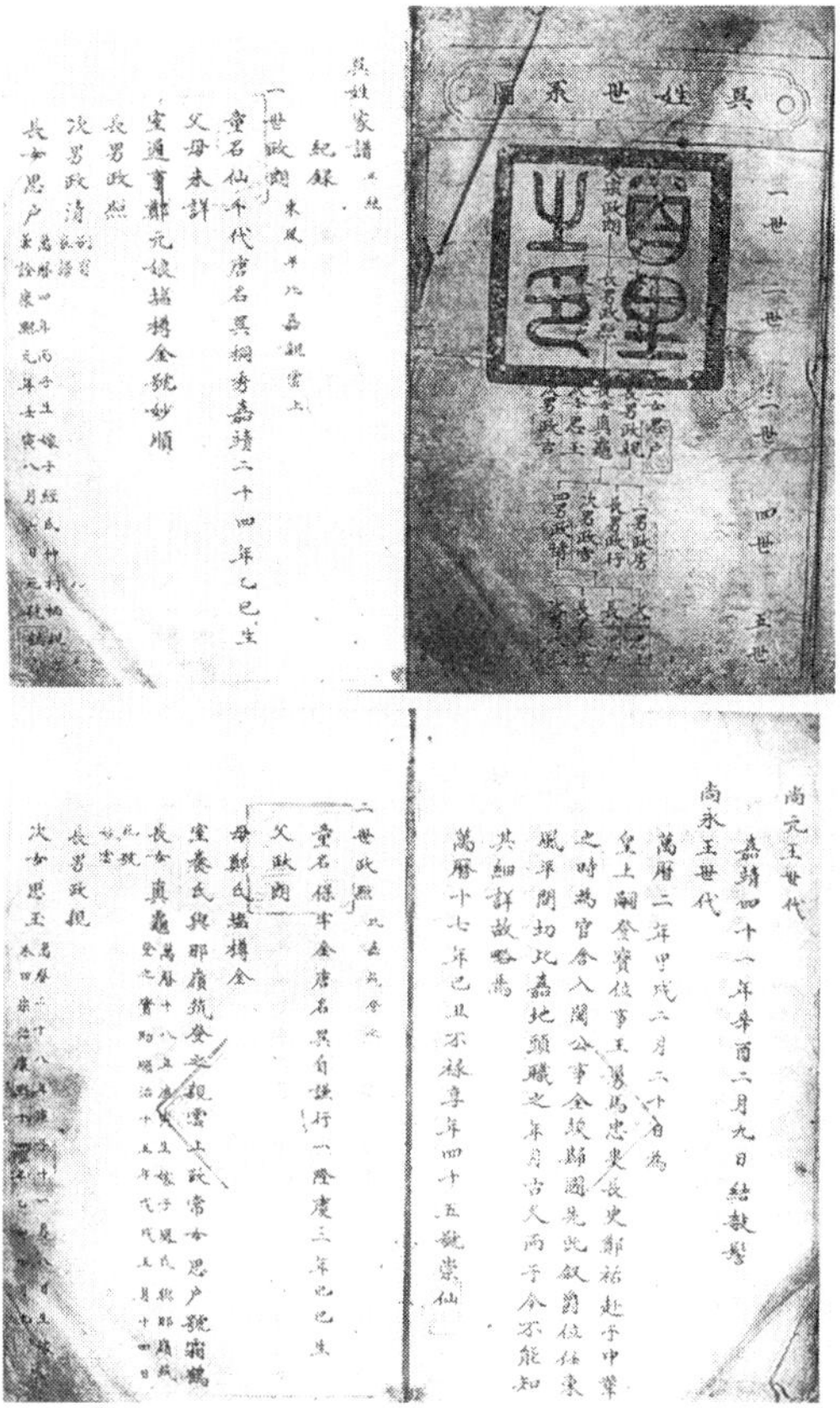

家譜　琉球出身の士族呉氏（比嘉筑登之）のもの。すべて割印が押され勝手な書きこみはできない

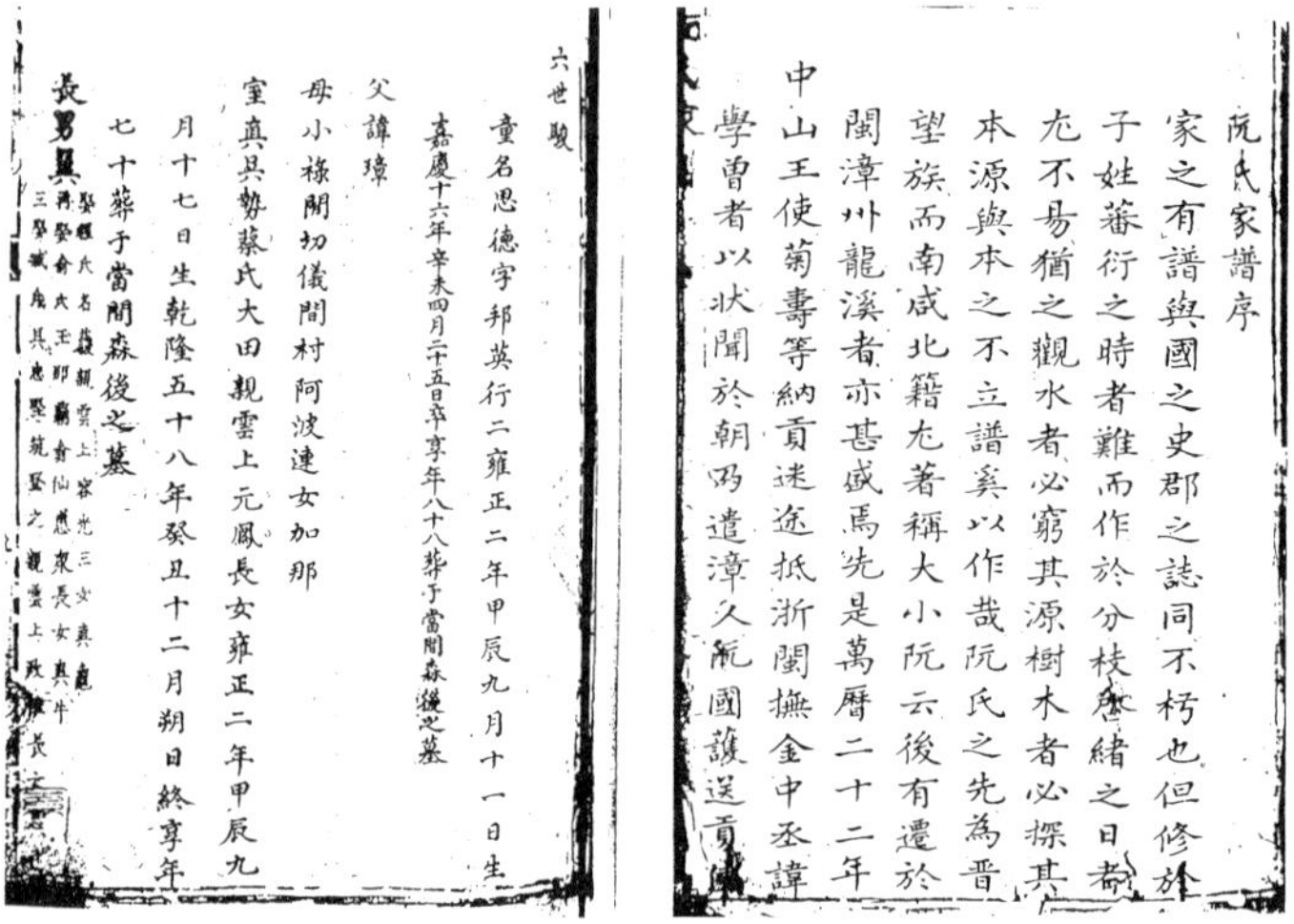
阮氏家譜序
家之有譜與國之史郡之誌同不朽也但修於
子姓蕃衍之時者難而作於分枝緒之日者
尤不易猶之觀水者必窮其源樹木者必探其
本源與本之不立譜奚以作哉阮氏之先為晋
望族而南咸北籍尤著稱大小阮云後有遷於
閩漳州龍溪者亦甚盛焉先是萬曆二十二年
中山王使菊壽等納貢迷途抵浙閩撫金中丞諱
學曾者以狀聞於朝仍遣漳人阮國護送貢

六世駿
童名思徳字邦英行二雍正二年甲辰九月十一日生
嘉慶十六年辛未四月二十五日卒享年八十八葬于當間森後之墓
父諱璋
母小禄間切儀間村阿波連女加那
室真呉勢蔡氏大田親雲上元鳳長女雍正二年甲辰九
月十七日生乾隆五十八年癸丑十二月朔日終享年
七十葬于當間森後之墓
長男真

家譜　唐栄系阮氏のもの

士族としての身分を表すものとして、王府から宗家・本家を中心とする一族には中国（漢族）的な姓である麻、毛といった一字の姓が与えられ、同時に男子は本来の沖縄の姓名のほかに唐名をもつようになりました。中国に渡った官生がみな中国的な姓名を名乗ったのは、そういう制度が背景にあったのです。なお、沖縄本島地域にくらべて宮古、八重山地域の家譜・系図の編纂の施行は三〇年ほど遅れ、士族の身分を表す姓も中国的な一字姓でなく、白川、憲章など二字の姓です。

身分・階層を認定する家譜の編集、提出は、中国からの渡来人の末裔である唐栄に対しても同じように行なわれました。沖縄の家譜は、基本的には中国の宗譜をモデルにしており、おそらく、中国に留学した人たちがその形式の設定に関わったのでしょう。あとで詳しく述べますが、首里・那覇の地元琉球出身の士族の家譜（八一ページ図参照）と唐栄系の人々の家譜（八二ページ図参照）とは、記述の仕方などのちがいがあります。系図座が設置された一七世紀後半、海外交易もかつてのようにはいかなくなり、久米村の唐栄の人々も首里や那覇に移り住んだりして、その土着化、沖縄化が進んでいました。その結果、祖先の国、中国を規範とした家譜編纂も意外に苦労したかもしれません。というのは、家譜に記載すべき祖先のことが、初代から二、三代まで不詳（はっきりしない）となっている例もあるからです。

唐栄の家譜の様式は、必ずしも中国の宗譜と重なるわけではありませんが、似た要素もかなり見出すことができます。ここでは唐栄の家譜と首里・那覇の士族の家譜と対比できるいくつかの要素を見てみましょう。

唐栄の家譜には、親の世代と子の世代を厳格に区別する「輩行制《はいこう》」がはっきりと表れています。たとえば、男性の名前のつけ方で、親の世代はその兄弟や従兄弟、一族全体に共通した字が用いられ、その子の世代は別の字を用いるというふうになっています。また、その世代のちがいをはっきり区別する理念は、養子のやりとりにも表れていて、弟が兄の養子になるというようなことは絶対にないことです。首里や那覇の士族の家譜のばあい、同じ姓をもった一族の男子成員の名（苗字ではなく）には、世代の区別なく共通した字である「名乗り頭《なのがしら》」の字を使います。たとえば、一五世紀の中ごろの中山の英雄的人物「護佐丸《ごさまる》」を先祖にもつ毛姓一族の家譜を見ると、盛保、盛名、盛明というように男性のメンバーには共通して最初に「盛」の字が用いられています。八一ページ図の呉姓の例では「政」の字がそれです。これは、世代のちがいを厳しく意識する中国的な世代原理と、一族の血のつながりを姓ではなく名前の字を共有することで示そうとする沖縄的な意識のちがいが、家譜に反映しているといえます。

門中という集団

官生や勤学の派遣などで中国との交流が深まることによって、儒教道徳を国政の基底にすえる政策と、身分制度確立の政策とによって、系図座が設置されたのです。それをきっかけに、家譜編纂の動きが高まり、祖先とのつながりを意識することも強まってきて、共通の祖先に父系の血筋で結びつく同姓同士のまとまりが現れてきます。「門中《もんちゅう》」（沖縄のことばではムンチュウ）と呼ばれる集団がそれです。門中は、その呼称とともに、墓所（「門中墓《はか》」と呼ばれる）をおなじくし、祖先の祭りに集結する成員の連帯の強さなどが、社会学者や民俗学者などの関心を集めています。しかし、門中は中国文化の影響だけによってできてきたものではなく、門中が沖縄の文化として、どのようなプロセスで生まれたのかについては、まだ知らないこともたくさん含まれています。沖縄の土着文化が、外来文化のどのような要素を受け入れたか、どのような要素は受容しなかったのかについては、内外の社会を比較しながら、この門中の分析を通してもを探ることができます。では、門中とは何かから話を始めましょう。

門中は「一門《いちもん》」という言い方もあります。本土の人には、一門というほうがその組織の概念を理解できるかもしれません。門中は、共通の先祖から分かれた人々の集団で、集団内の個人のそれぞれを結びつけ、また祖先とを結びつけているのは血のつながり（それを血縁《けつえん》といいます）で、しかも「父親とのつながり」を重視するものです。父親のつながりを重視するとはどういうことなのか、たとえば、「いとこ」同士の関係を例にとって考えてみましょう。

いとことは、自分の両親の兄弟姉妹（おじ、おば）の子供のことであることは、皆さんも知っているでしょう。いとこ同士は兄弟と同じくらい近い親戚・親類です。

でも、父親とのつながりだけを重視する門中のむすびつきからみると、いとこでも自分と同じ門中に入るものとそうでないものが出てきます。まず、原理として母方のいとこは同じ門中には入りません。父方のいとこのなかで、父の姉妹の子供たちは、その父の門中に入るのではずされます。すると、近い親類であるいとこのなかでも、自分と同じ門中のメンバー（仲間）になるのは、「父の兄弟（姉妹でなく）の子供だけ」です。それを社会人類学や文化人類学の研究者がよく使う図で示してみましょう。図で、△は男性、○は女性を示し、＝は結婚していることすなわち夫婦関係、上下の―は親子関係を、左右の［は兄弟姉妹のつながりを表す記号です。それが黒く塗ってあるのが自分と同じ門中のメンバーになります（図のアミをかけてある範囲）。女性のうち◐で示されているのは、結婚後は夫の苗字を名乗っているのですが、女性には祭りのとき自分の生家のほうに神役として義務を負わねばな

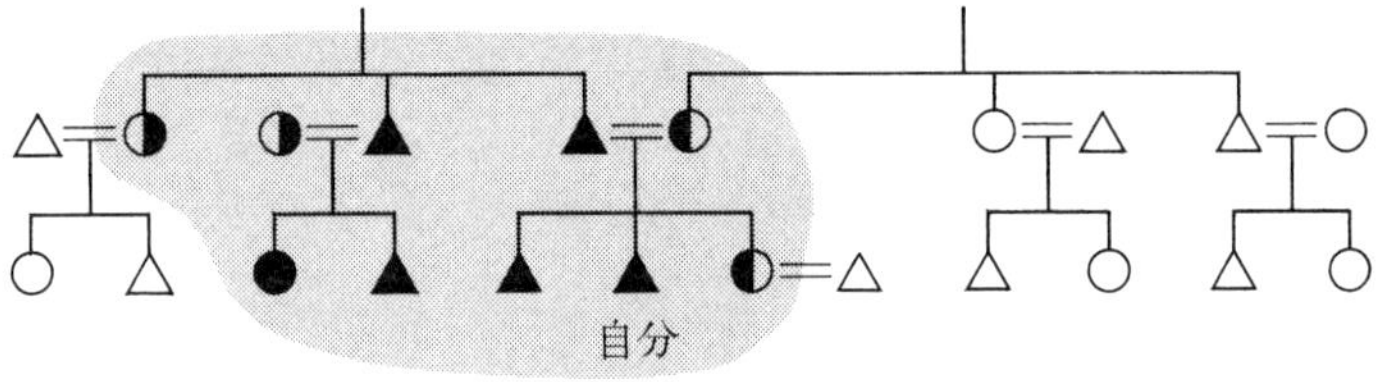

門中と家族の関係　自分と近い親戚関係のうち、アミをかけた部分が自分と同じ門中。女性につながる系統は入らない

らないばあい（後述）があるからです。つまり、女性は夫の家と生家の双方に等しい関係があるばあいがあることを示しています。

図でわかるように、いとこであっても同じ門中に属さないのは、子供が門中という集団・組織に入るのには、その父親との血のつながりが重くみられるからです。生物学的（遺伝学的）には、その両親との血のつながりはどの子でも同じはずです。子供が血液型は母親と同じなのに、顔つきなどは父親似、あるいはその逆というふうに。

父系制、母系制

地位や財産などを親から子へと譲り渡す場合、父親との血のつながり、あるいは母親とのつながりのどちらを重くみるかは、地域や民族によって異なり、また時代によって変化することもあります。たとえば、中国の漢民族（または漢族）の社会では、子供の姓は父親の姓と同じであることを原則とします。姓は父親から受け継ぎ、母親の姓を名乗ることは特殊な場合を除きめったにありません。また女性は結婚しても父親からもらった姓を大事にし、日本などのように結婚後は夫の姓に変えることはありません。だから、中国の家族では子供からみて父・母の姓が違うのはごくあたりまえのことで、子供たちの姓は父親と同じです。このようなことは、韓国の社会でも見られます。そのように姓やある集団の仲間になることが、親子の絆《きずな》のなかの父親とのつながりを特に重くみて父から子へと受け継がれ、それが世代を重ねて行なわれることを「父系制《ふけい》」、逆に母から子へと受け継がれるやり方を「母系制《ぼけい》」と呼びます。

一七世紀後半に生成した沖縄の門中は、漢族的な姓の制度を士族層が受け入れ、その姓は父系的な原理で受け継がれます。つまり、子供は父親の姓を継ぐわけです。それは、家譜の記録にも出てきます。家譜には妻の生家の門中の姓も記されていますし、子供の姓はむろん父と同姓です。しかし、この漢族的な姓の制度も、明治の廃藩置県で琉球が沖縄県となったとき系図座が廃止されることによって、なくなりました。おそらく家譜に記された男子の唐名は、中国に渡航するときに役立つもので、漢族的な姓は日常生活では使用せず、家譜にも記載されている沖縄の姓名を使っていたのでしょう。そのことは、江戸幕府の将軍が代わるごとに派遣された「慶賀使」が、そのとき江戸で琉球の歌舞音楽を披露したようすを描いた絵からもわかります。その演者の名前は中国的な姓をもった唐名でなく、沖縄の苗字と官位が書いてあります（五〇ページ図参照）。

これは、沖縄の各地に残っている石碑の文章のほとんどが、表は漢文、裏はかな書きの琉球語文であることからも認めることができます。歴代の王の位牌を祀る首里の崇元寺《そうげんじ》の下馬碑《げばひ》（図参照）は一五二七年に建てられたもので、このような漢文とかな文字の琉球語文を使い分けた碑は、このほかに

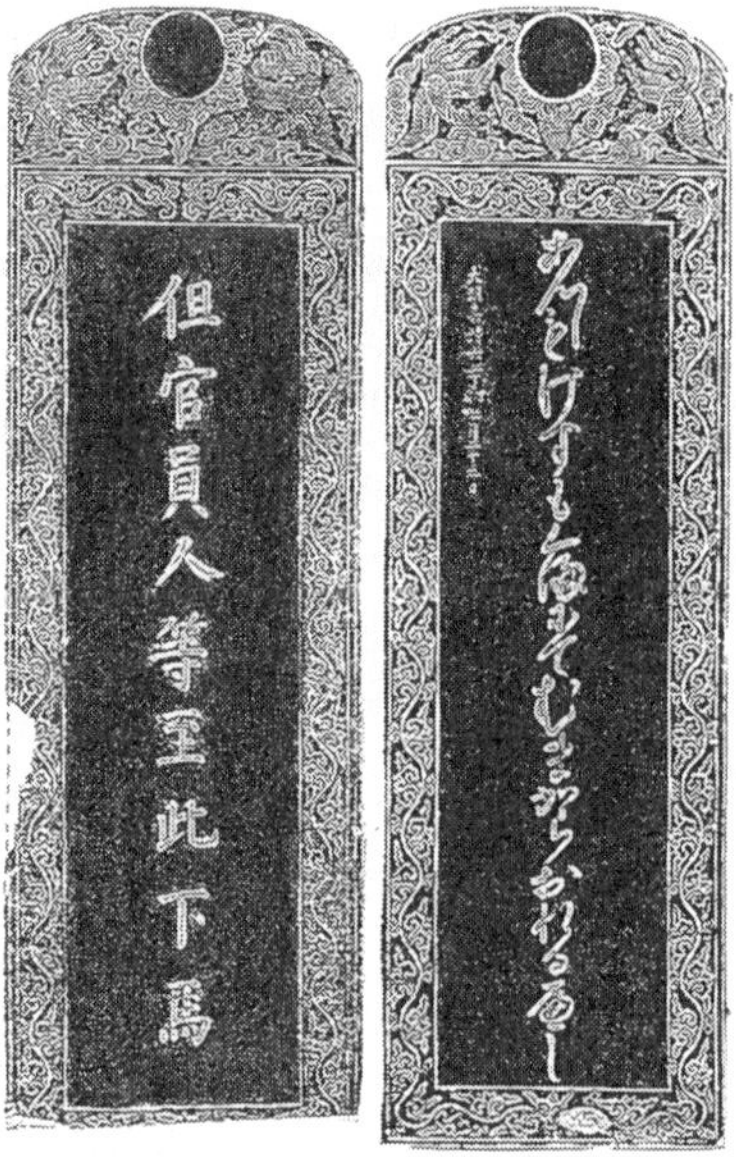

崇元寺の下馬碑（1527年、尚清王即位の年）
表（左）は漢文、裏（右）はかなで書かれている。裏は「あんしもけすもくまにてむまからおれるへし」。‘くま’は沖縄のことばで‘ここ’の意味

一六二四年建立の「本覚山碑文」などがあります。また、王都首里と那覇港にそそぐ国場《こくば》川までの道路の完成と架橋を記念した「真珠湊碑文」は、漢字混じりのかな書きの琉球語文のみです。王家の陵墓である首里の「玉御殿《タマウドウン》」（魂の御殿の意）にある碑は、琉球最古の平かな書きの琉球語文だといわれています。

漢字とかな文字の使い分けは、日本と中国との間にあって、言語など文化の基層に日本と共通するものをもちながら、大陸の明や清という強国の勢力圏のなかで海外交易をして国家を支えた、琉球の

文化的、政治的状況を象徴しているようです。

話を門中に戻しましょう。家譜の様式に、輩行制など中国に近いものと、前述の名乗り頭のように、本土の影響を無視できないものがあることは、先にも述べましたが、門中は儒教と漢族的姓制度という父系原理を強化できる要素を採り入れながらも、中国の宗族のようなきちんとした父系原理に貫かれた制度を完成できなかったからです。その要因は、なによりも姓や家譜の制度を始めたのが一七世紀後半からという歴史の浅さがあげられます。この未完成の父系制は、沖縄の門中のどの面に表れているのでしょうか。

外婚制、名乗り頭、門中と女性の地位

まず、中国の父系集団・宗族との違いは、「外婚制《がいこんせい》」の有無です。外婚制とは同じ集団の男女は結婚できず、外の集団から結婚の相手を見つけなければならないという規則です。漢族の「同姓不婚《どうせいふこん》」と呼ばれる規則がそうです。たとえば、鄭という姓の人は、男女に関係なく同じ鄭という姓の者とは結婚してはいけないというものです。これは、じっさいにはもっとゆるやかな規則で、五代以上離れていればかまわないとか、同姓でもいくつかの〝集団〟に分かれていて、その集団内は外婚の規則にしたがうことが要求されますが、その外の仲間とは同姓であっても結婚できるなどのばあいがあります。

沖縄の門中には現行民俗としては、外婚制はないものといえます。現在の沖縄の社会はもちろん士

族という階層はなく、その士族の象徴であった漢族的な姓も意識されなくなり、「毛氏一門」とか「阿姓門中」とかの門中の名称としてあるだけで、旧士族層の者が、個人として自分は麻氏であるとか紅姓であるというのは、親から聞いていたり、家譜をみたりして知っているにしても、結婚の相手を別の姓の者にするという意識はありません。また、かつて士族でなかった階層には、そのような姓はなかったので、外婚制が存立する要素もなかったといえます。まして、漢族的な姓ではなく、沖縄本来の比嘉《ひが》とか、具志堅《ぐしけん》とか、安室《あむろ》などといった「苗字」が、門中の成員（仲間）全体に共通しているということもありません。私とおなじ比嘉という苗字は沖縄には多く、電話帳にある数でいえば比嘉と金城《きんじょう》が苗字では一、二位を争っているといいます。このような苗字からは、同じ祖先につながる門中の仲間という区別はできません。

偶然知り合った相手が同じ門中の仲間だということを知る手がかりとして、役立つものは苗字ではなく、名前です。さきに述べた名乗り頭から、同じ門中であることを知るばあいがあるのです。麻氏門中はその成員の男性の名乗り頭が「真《しん》」であり、たとえば、父親が真一、その長男が真太郎、次男が真治というふうになっています。苗字は、先祖が地方役人として赴任した地名が苗字となるというようなことがあり、子孫はその地名から採った苗字を受け継いでいくやり方です。麻氏門中の成員には、田名《たな》、儀間《ぎま》、渡嘉敷《とかしき》などいろいろな苗字をもつ人がいますが、その苗字のちがいを超えて共通の祖先につながる仲間であることの印として、名乗り頭の「真」が役立つのです。しかしいままでは、子供の命名に名乗り頭をつける人もいれば、それにこだわらない人もいます。

このように、姓制度や宗譜をモデルにした家譜などといった漢族文化の受容により、琉球には父系的集団・門中の生成はあったものの、外婚制の確立までには至らなかったのです。その要因として、受容が一部の階層になされたことや、一七世紀以降になされたという歴史的時間の浅さなどをあげることができます。このように外婚制のない父系集団としての沖縄の門中は、漢族の宗族などを基準としてみると、未熟な〝中途半端な〟ものとしてとらえられるかもしれません。しかしよく考えてみると、その〝未熟さ〟の要因となっているもののなかに、「他の地域にはない、あるいは他の地域で失われたもの」があるのではないでしょうか。そうだとすれば、それは未熟さではなく、他にはない「個性」とみることができると思います。

沖縄の父系集団・門中に存在し、他の地域の父系集団に見られない個性的なもの——それは女性の地位、役割をめぐる慣習です。沖縄の門中は宗家を中心に祖先祭祀を行なうことが主な役割であり、その祭りの場で、神格化した遠い先祖と門中の人々の仲立ちとなって子孫と先祖の間の「コミュニケーション」をとりもつのは、女性神役です。この女性神役には、神や祖先と交流できる資質をもつ者が選ばれるのですが、その人は前述のように、結婚後も祭りのときには生家に帰って来る義務を負っています。彼女たちは門中の「をなり神」（姉妹神）として、生家の兄弟たちのために祈るのです。

漢族や韓国など他の地域の父系制のもとでは、なにごとも男性中心で、祭祀の場でも女性は排除されるのが一般的です。しかし沖縄では、女性のほうが男性より「聖性」が高いと考えられ、祭祀の場では女性が上位にたち、男性から、神に接する聖なる存在として崇拝されるのです（第四章参照）。

儒教倫理は男性中心で、女性を中心に置かず、下位に置きあるいは排除する考え方です。その儒教倫理を社会の秩序づくりの基本にしようという考え方の実践が、先祖との筋目を糺《ただ》させ家譜をつくらせることであり、父系的な原理にもとづく門中の生成をうながしたのです。さらに儒教倫理の徹底、拡充にやっきになった王府は、「ノロ」（祀《まつ》りをつかさどる女性、巫女《みこ》）制度の検討など、女性を上位に置く沖縄の政《まつりごと》の世界の改変をめざしましたが、ついに「をなり神」信仰を基底にした女性優位の祭祀世界を変えることはできませんでした。沖縄の門中の、女性優位の原理を内包するという構造から、沖縄の父系集団・門中は、アジアでもユニークな文化となったのです。

第三章　東南アジアへのまなざし

一　音への郷愁――島嶼と大陸

インドネシアは、たくさんの島からなる島嶼国で、大小あわせて全体で一万四〇〇〇、人が住んでいる島だけでも三七〇〇の島々があるといわれています。島といっても、ジャワ島やスマトラ島はかなり大きく、日本と同じくらいの広さです。島と島のあいだ、あるいは島の中でもいろいろな民族文化のちがいがあるとても魅力的な国です。そのなかでもっとも大きい島であるボルネオ島、その島の北東側の一部が、マレーシアのサラワク州とサバ州で、その二つの州に挟まれて、小さな王国ブルネイがあり、また西側の大半がカリマンタンというインドネシアの領土です。七、八年前、私が琉球大学に勤めていた頃、カリマンタンにあるタンジュンプラ大学から研究者を招待しました。Kさんという農学関係の専門家でしたが、当時琉球大学でアジア研究の領域を広げようとの計画があり、その資金で彼を招いたのでした。

初めて沖縄にやってきた彼は、カリマンタンを発《た》つまえから、地図などで沖縄の位置を知っていて、ボルネオ島に比べると米粒みたいに小さい島に何があるのかと、疑心暗鬼《ぎしんあんき》の心境だったと、あとで語ってくれました。大学などの研究機関や施設などを案内し、沖縄の農村なども訪ねました。私がタイで体験したのと同じように、彼は咲いている花やシュロなどの植物に、インドネシアとの〝近さ〟を感じたようでした。

インドネシアと琉球の音階

沖縄に来て二、三日目のことでした。北部の村をいっしょに歩いているとき、ちょうど昼下がりでしたが、突然彼が足を止めたのです。「どうかしましたか?」とたずねる私に、耳をすましているような表情を見せながら、彼は「インドネシアの音楽が聞こえる」というのです。「え?」、まさかそんなことが、と思いつつ私も耳をすませてみました。聞こえてきたのは、沖縄でよく聴かれ、私も歌うことがある童謡「チンヌクジューシー」のメロディーでした。そのメロディーは近くの民家のラジオかテレビなどから流れてきたもののようでした。この童謡は戦後作曲されたもので、方言で書かれた歌詞は私の尊敬する朝比呂志《あさひろし》さんの作品です。曲名の「チンヌクジューシー」とは、本土でも「鶴《つる》の子芋《こいも》」などとよぶサトイモの一種を入れた雑炊《ぞうすい》(沖縄のことばでジューシー)のことです。歌詞の内容は、雑炊を炊《た》いている竈《かまど》の煙がけむたくて涙が出てくること、おじいさん、おばあさんが元気でその白髪《しらが》がきれいなこと、子供が転んで驚いたひょうしに魂《マブイ》が抜け落ち、おばあさんがそれを取り戻す祈りをしてくれたことなど、おそらく作詞をした朝さんの「原風景」をうたったものという感じがして、私の好きな歌のひとつなのです。彼がインドネシアに帰るとき、気に入ってくれたそのメロディーのカセットテープを、沖縄のお土産にあげました。

Kさんがインドネシアの音楽と思った琉球民謡や童謡の音階《おんかい》、いわゆる「琉球音階」には、レとラのない「ドミファソシド」と、ファとシのない「ドレミソラド」の二種類の音階があることが知られています。これらの音階のうち、前者はインドネシアなど、後者は中国や日本にもありますが、日本本土や中国、東南アジアなど周辺地域の民族音楽との関係については、まだわからないことが多いようです。

音楽に関しては音痴《おんち》にちかいほどの感性しかもたない私ですが、幾度か旅をしたインドネシアで聴いたガムラン音楽の複雑な音の重なりのなかに、「これは⁉」と懐かしさを感じるものがありました。とくに、ガムランに合わせて歌う女性の声の高さが、まるで頭のてっぺんから出ているような発声のしかたに、琉球民謡の女性歌手の裏声にちかい音の高さに似たものを感じました。そして、速いリズムのインドネシア民謡を聴くと、それに合わせて、それぞれの人が即興の身ぶりで踊る沖縄の踊り「カチャーシー」を思わず踊りだしたいような気分になりました。

タイで聞く三線の音

民族音楽研究家の小島美子さんは、現在の琉球音階の成立の時期はそれほど古くはなく、大陸から三味線《しゃみせん》が移入した時期と重なる可能性があるとの考えをもっているようです。

三線については、タイの山地での思い出があります。この本の冒頭で述べたタイの山地調査のとき、リスの人たちの村に滞在したことがあります。ビルマの国境の村へ移動中、日が暮れたので、リスの村で泊めてもらうことにしました。親切な村人たちといっしょに早めの夕食をとり、二、三人ずつ分宿することになりました。電気もない村ですから、家のなかの灯《あか》りといえば小さな石油ランプだけです。夜の七時すぎころだったでしょうか、翌日の旅の行程を考えて早めに寝ることにしました。寝袋に収まって目を閉じていると、どこからか三線の音が聞こえてくるのです。こころなしか、沖縄の民謡みたいにも聞こえます。

跳ね起きて外に出て、仲間と音の方向をめざして急ぎました。村は山の斜面にあって、その山手の方から三線の音は聞こえてきます。早まる動悸《どうき》を抑えるようにして音の発生源に近づくと、それはリスの青年が弾いている三絃《さんげん》の楽器でした。沖縄の音楽に聞こえたのはその三弦の出す音色《ねいろ》のせいだったのでしょう。驚いたことに青年が抱えている三絃は、第二次大戦直後の沖縄でよく造られた「カンカラサンシン」に似たものでした。沖縄の小ぶりの三味線は「サンシン」と言います。三線、三絃のことです。本土の三味線は中国から沖縄を経て移入された楽器です。本土では、三味線の胴には猫の皮が張られていますが、中国や沖縄では錦蛇《ニシキヘビ》の皮を張ります。カンカラサンシンというのは、胴の部分に空缶《あきかん》（カンカラ）を使った三線のことです。激しい戦争の後、沖縄の人々は音楽で自分の文化を取り戻そうと、本来ならば梯梧《ディゴ》の木で造った胴に蛇の皮を張ったもののかわりに、米軍の食料品などが入っていた大きめの空缶を胴に使って、三線を造ったのです。弦は絹糸のかわりに軍用パラシュートに使われている糸を利用しました。

リスの青年が弾いていたのは、そのカンカラサンシンを思い出す三絃の楽器でした。青年が奏でる音楽はもちろん、沖縄の民謡ではなかったのですが、その弦の音は私の郷愁《きょうしゅう》をさそうものでした。リスの人たちと沖縄という、地域・文化を超えた、三絃の楽器のもつ個性がなせるものだったのでしょうか。

文化への視点

さきに、インドネシアの音楽に親近感をもった話をし、いま、タイで聴いた三絃楽器の音に郷愁を感じた話をしましたが、沖縄あるいは琉球列島と東南アジアとの文化的つながりを考えるとき、音楽だけでなく、「その視点をどこに向けるか」が重要な鍵になってくると思います。

地図を広げると、東南アジアと呼ばれる地理的なひろがりのなかに、たくさんの国があることがわかります。そして、その一つ一つの国に多様な文化を包み込み育《はぐく》んできた歴史があります。「東南アジア」という名は、地域を呼ぶ名称としては便利であるかもしれません。しかし、文化や自然など具体的なテーマについて考えるときには、インドネシアのバリ島の織物とか、フィリピンのセブ島の言語とかというふうに、地域ごとの多様性を前提にして討論をし、理解を深めることが必要です。

さらに、その地域ごとの違いについては、大小数千の島々で一〇〇を超える言語（方言）が話されているというインドネシアに見られる、まるでモザイク模様のような多彩さだけでなく、その地域性豊かな土着の文化に覆いかぶさるように流入してきた、いくつかの強大な文化の影の濃淡による変化も、見過ごすことはできないと思います。そのとき、これらのことへの私たちの視点の選択が、とても重要な意味をもつのです。

西から東へ、あるいは大陸部から島嶼部へ、ヒンズー教や仏教文化、またイスラム文化、漢文化、そしてキリスト教文化というような〝強い〟文化が、ときにはじんわりと、ときにはその地域を席巻《せっけん》するいきおいで流れ込んだ歴史がある地域です。インドの神話的叙事詩「ラーマーヤナ」の物語は、舞踊や演劇や影絵芝居などのさまざまな表現形式で、タイ、マレーシア、インドネシアの各地域に伝わっています。私は、この叙事詩の世界を、タイでは「コーン」と呼ばれる仮面をつけて踊る舞踊劇で、インドネシアのジョグジャカルタでは沖縄の組踊《くみおどり》（王府で踊られていた、いくつかの踊りを組みあわせて一つの物語劇を構成するもの）のような古典劇で、バリ島では影絵芝居で見ることができました。永い歴史のなかで北から西から、さまざまな方向から系統の異なる文化がこの地域に伝わり、変化に富んだ風土のなかに溶け込みながら、多彩な変容を遂げてきたのです。

二　文化の個性、多様性を生み出すもの

文化のがんこさ

東南アジアという地域の文化が「モザイク模様」のように入り組み、多彩であることは、フィリピン、インドネシアなどの島嶼地域だけでなく、中国大陸南部の貴州《きしゅう》省、雲南《うんなん》省、広西《こうせい》省からヴェトナム、ラオス、タイなど〝陸地〟も同じです。ただ、そこが陸続きであるために、島嶼部のような海による隔たり、孤立性に比べて、ヴァリエーションの度合いは少ないかも知れません。しかし、私が見聞きした東南アジア大陸部における民族ごとの生活様式のちがいは、単に隔絶性や孤立性によるものではなく、文化のもっている一種の〝がんこ〟さ、自己主張の強さによるのではないか、という感じを抱かせました。

タイ西北部の山地には、ヤオ（自称ミエン）、メオ（モン）、アカ（イカウ）、リスと、多くの民族がひしめくように住んでいます。山地を歩くといろいろな民族衣装の人々に会い、この山の上にはアカの人たちの集落、あの尾根にはメオの人たちの集落、その隣の山の中腹にはヤオの家々が見えるというふうに、いろいろな民族の集落が一望の範囲のなかに存在するというのは、決して言いすぎではないのです。このように隣り合って住んでいても、「自分たちの生活の仕方はなかなか変えない」とい

うがんこさ、したたかさがあるのです。その例を、彼らの生活用水の確保の仕方に見ることができます。

ヤオの集落は山の中腹にあり、水は集落の上にある泉から、太い竹を割った樋《とい》を二メートルほどの高さの杭《くい》の上でつなげて、集落まで杭上の水道をつくり、さらに各家まで引いてある見事な給水システムを作りあげています。メオの集落もヤオとほぼ同じ地勢をもち、水源からの給水を竹でつくった杭上の水路を使うのはヤオと同じなのですが、各家までの給水はなく、集落の二、三カ所に給水場をつくり、人々はそこに水を汲《く》みに来るというシステムです。アカはどうでしょう。アカは尾根のほぼ頂上に集落をつくります。だからヤオやメオのように水源からの樋による給水はできません。谷にある泉まで、節《ふし》をくりぬいた竹筒を背負い籠《かご》に二、三本入れて水を汲みに行くのです。その仕事は女性の分担のようでした。

他の民族の様式を、便利だからといってすぐにまねをし、採り入れるということはしないようです。それは民族によって集落の立地についての考え方が異なり、家の建て方や部屋の間取りなどにも、信仰などと深いところで結びついた民族独自の様式があるからでしょう。タイの北部ピエンパパオという地域のメオの集落にいたときのことです。一〇歳くらいの女の子が二人広場で遊んでいるので、何をしているのかと近くに寄ってみると、「ままごと」みたいな遊びをしているようすです。地面に棒きれで線を引いて、ここは入り口、竈《かまど》はあそこと、部屋の間取りを書いて遊んでいます。よく見ると、そこにはメオの人たちの家屋に共通して見られる間取り、基本的パターンがちゃんと再現されているのです。文化というものは、そういう〃遊び〃のなかでも子供たちのなかにインプットされ再生産され、世代を超えて受けつがれていくもので、文化のもつがんこさ、あるいは強い自己主張は、こういう過程でつくられていくものだと思いました。

文化の要素の相互関係

文化は、それを形づくる要素が相互に連関しあっているため、一つの要素だけ独走して変化するということは、なかなか起こらないと言われます。ヤオの家に生活し、ヤオの人たちのさまざまな思考様式や社会関係を学びながら、私は文化のもつそのような仕組みを実感できたのです。山の中腹に集落があるヤオの家屋の基本的なプランも、世界観など独自の価値体系にささえられているのです。たとえば、夜、寝室で休むときの枕《まくら》の位置、すなわち頭の向きは山手の方に向けるべきで、逆に頭を低い方、谷側に向けるのは棺に入った亡骸《なきがら》のばあいだけであるというように。このような枕の向きにこだわる習慣は、日本にもあり、本土では「北枕」、沖縄では「西枕《イリマクラ》」といって、頭をその方向にして亡骸を安置します。

三　爬龍船と「をなり神」——アジアの地域文化とのつながり

中国大陸とのつながり

小さいころから耳にし私の体にしみついた「琉球的音感」が、インドネシアのリズムに共鳴し、またタイの山地で聴いた三絃の音にノスタルジアを覚えたことは前に述べました。これは、琉球の音楽文化のなかに華南から東南アジア大陸にひろがる文化、そして、台湾からフィリピン、インドネシアの島嶼地域にひろがる文化の双方に結びつく要素をもっているからかもしれません。社会人類学、民俗学の視点から、琉球列島の島ごとのヴァリエーションや、列島をつらぬく共通の個性について学んだ者として、アジア、とくに東南アジアに何を見ることができるか、考えてみたいと思います。

中国大陸とは、これまで述べたように国家間の交流が一四世紀末から始まり、これは歴史史料でも確かめることができます。一方、そのような「公的な」交流のほかにも、中国沿岸と琉球列島のあいだには「私的な」交流があったことは十分に考えられます。民俗学の目で見て大陸へよせる関心は、私のばあい、地域文化としては華南、揚子江以南の地域の民俗です。その地域は東南アジア大陸部と密接な結びつきがあり、見方によっては東南アジア地域とみてもよいと思います。それはこれから述べる「爬龍船《ハーリー》」行事、中国では「龍舟競度《りゅうしゅう》」などと呼んでいる行事の分布をみても、東南アジア大陸部と華南地域は、共通した民俗文化をもった地域であるということができます。

比嘉春潮の説

伊波普猷とともに沖縄の歴史や文化研究のさきがけとして知られる学者に比嘉《ひが》春潮《しゅんちょう》がいます。彼は、宝貝と稲作民族渡来の道をむすびつけた柳田国男の「海上の道」の仮説を受け継ぎ、それをさらにおし進める考えを、「柳田国男と沖縄」という論考のなかで次のように述べています。

私はその後いろいろ研究を重ねた末、宝貝を求めて渡って来たのは、中国南部の沿岸地域にいた百越《ひやくえつ》中の一小種族であったと考えるようになった。そして百越民族は今日アジアの南方地域に広がっているが、今日、日本人の生活文化の中に百越民族の古代生活文化の痕跡らしいものが見出され、しかもそれが沖縄のそれにおいてより濃厚であるのに驚かされる。これで柳田先生の構想を少しでも補うことにならないだろうか。

比嘉が「海上の道」の敷衍《ふえん》に固執したのは、比嘉の著作『新稿・沖縄の歴史』に序文を書いた柳田が、「海上の道」で説いた沖縄本島東海岸の航路の重要性や宝貝の産地として渡来人の関心を集めたであろう宮古島のことに、比嘉のその〝新著〟のなかで触れられていないのを暗に批判しているのを重く受けとめたからでしょう。

柳田の『海上の道』が出版されたのは一九六一年で、この本は当時ハワイの東西文化センターに招かれていた比嘉のもとにも届けられています。比嘉は東西文化センターに提出する「沖縄文化史」執

宝貝　小形のキイロダカラがよく用いられる

筆のため、ハワイ滞在を一九六三年まで延ばしますが、その間（一九六二年）に師と仰いだ柳田は世を去ったのです。

　柳田の説を踏まえた比嘉の沖縄の文化史に関する新説の大すじは、「中国大陸南東沿岸の百越の中の一小族が宝貝を求めて琉球列島に渡り列島の全域に住むようになり、さらにその大半が北上して九州に到り、日本民族の形成にかかわった。彼らは海部《あまべ》族と呼ばれ、再び南下し琉球人の祖先となった」というものです。それは、柳田の稲作文化の北上説と伊波普猷の海部（アマミキヨ）南下説の折衷ということができます。

　比嘉のいう「百越」とはどのような民族を指すのでしょうか。これは中国南部から東南アジア大陸部にかけて広がっていた民族のことで、単に「越」族ともいわれ（五九ページ図参照）、居住する各地域で接触した国家や民族からさまざまな名前で呼ばれたことから百越と総称されたと思われます。秦《しん》の始皇帝《しこうてい》が中国を統一した紀元前二二一年には、今の浙江《せっこう》省の甌《おう》江の下流地帯に住み「東海越」と呼ばれ、福建省の閩江下流域にいた「閩越」、広東省の「南越」などの名が知られています。それが、時代が下るにつれて漢民族と接触し漢化していったと考えられます。

　一四世紀末に琉球にやってきた閩人三十六姓のなかにも、漢化した閩越の人たちがいたと考えられます。というのは、次の理由からです。第二章で述べた一七世紀の後半、琉球王府に系図座が設けられ、家譜提出にともない士族の身分とともに下賜《かし》された中国的な姓は、三十六姓を除き琉球でつくられた姓で、全部で四百五十余にのぼります。なかには沖縄戦の戦火のなかで失われた家譜もありますが、現在、那覇市史編纂室には、多くの姓の門中から集められた家譜のコピーが保管されています。一〇年以上前のことになりますが、中国の少数民族を研究されている胡起望《こきぼう》さんはじめ研究者の一行が沖縄に来られたとき、那覇市史編纂室に案内し、その家譜史料を見てもらったことがあります。そのとき胡さんが沖縄の門中の姓を見て「これは中国でも北の地域の姓ではなく、南の地域の姓に近い」という興味ある感想を述べられたことが思い起こされたからです。首里王府が「系持ち」（士族）という身分の象徴として姓を下賜したとき、その姓をいかに創りだして与えたか、その姓を考えだすことの頭脳集団、知識人たちは、おそらく閩人の末裔、唐栄出身だったのではないでしょうか。

比嘉春潮がハワイ大学の東西文化センターに提出した「沖縄文化史」のオリジナルの全貌はわかっていませんが、それは、ハワイに滞在中、百越など中国南部の民族やその歴史について、多くの文献、史料を探索した結果を記したものだと思われます。比嘉の「百越文化北上と再南下」説は、柳田の「海上の道」と重なる部分が多いのですが、柳田や比嘉の仮説や一四世紀前後の交流史の研究成果もすべて踏まえながら、琉球列島と大陸との文化的つながりを考えようとするとき、現在の琉球列島の民俗にみられる「大陸とつながる要素」について、それがいつの時代にこの琉球にもたらされたものか見極めが必要になってきます。たとえば、前述の石敢当を辻に立てる習俗は、一四世紀以降の移入であることは予想できたにしても、琉球列島の各地に見られる来訪神儀礼やその背景となる世界観に似たものを、中国とくに辺境部の民俗に見出したとき、それがほんとうに越族の北上と結びつくものと考えられるのかどうか確定するには、きびしい分析、比較の手法が要求されます。実地調査によるデータだけでなく、中国の方志（歴史・民俗誌）などの検索が求められるのです。

その意味で、中国と琉球列島の民俗文化の比較研究はいま始まったばかりであるといえます。それでは、沖縄の年中行事のなかから、比較の材料を探してみましょう。

二十四節気と年中行事

沖縄の年中行事には、二十四節気《にじゅうしせっき》（中国から移入された、一年を二四等分し、季節を示す方法）の一つである清明《せいめい》の節（旧暦三月）に、祖先の墓に家族や一族が集い供物《くもつ》をそなえ香をたむける「シーミー」（清明の沖縄での呼び方）という行事があります。これは中国の清明祭とほとんど同じで、このように中国から伝わった行事が少なくありません。日本本土にもこの二十四節気の分け方は中国から古くから移入され、たとえば春の節気には立春、雨水《うすい》、啓蟄《けいちつ》、春分、清明、穀雨《こくう》などがあり、カレンダーにもそれが示されています。しかし一族そろって祖先の墓参りをする行事には結びついてはいません。清明の節の墓参りの習慣は、大陸の中国人はむろんのこと、シンガポールやマニラなど東南アジアの華人社会（中国系の人々の社会）でもみられます。琉球列島でも清明の墓参りは沖縄本島の中南部地域で行なわれており、毎年清明の頃になると、新聞紙上に門中単位の墓前祭の通知が掲載されて

『内容案内』送呈

激動する〝都〟の六百年！

〈都市の歴史〉と〈首都と地域〉、2つの視点から読み解く！

京都の中世史

全7巻 刊行開始

中世において京都はいかなる歴史をたどったのか。摂関政治の全盛期から天下人の時代まで、考古学の成果も生かし、中世都市の姿を解明するとともに現代への影響にも言及する。また、政治・経済・文化で全国に影響を与えた首都としての役割や、地方との関係を検証し、京都から日本全体を俯瞰する視点を確立することで、新たな中世史像の構築を目指す。

企画編集委員 元木泰雄（代表）
尾下成敏・野口 実・早島大祐
美川 圭・山田邦和・山田 徹

四六判・平均二八〇頁・原色口絵四頁
各二九七〇円

●最新刊の2冊

4 南北朝内乱と京都

山田 徹著

鎌倉幕府の滅亡後、建武政権の興亡、南北朝分立、観応の擾乱と、京都は深刻な状況が続く。全国の武士はなぜ都に駆けつけて争い、それは政治過程にどのような影響を与えたのか。義満の権力確立までの六〇年を通観する。

6 戦国乱世の都

尾下成敏・馬部隆弘・谷 徹也著

戦国時代、室町幕府や細川京兆家は弱体化し、都の文化人は地方へ下った。一方、洛中洛外では新しい町が形成され、豊臣・徳川のもとで巨大都市化が進む。政治・都市・文化の様相を描き出し、戦国乱世の都の姿を追う。

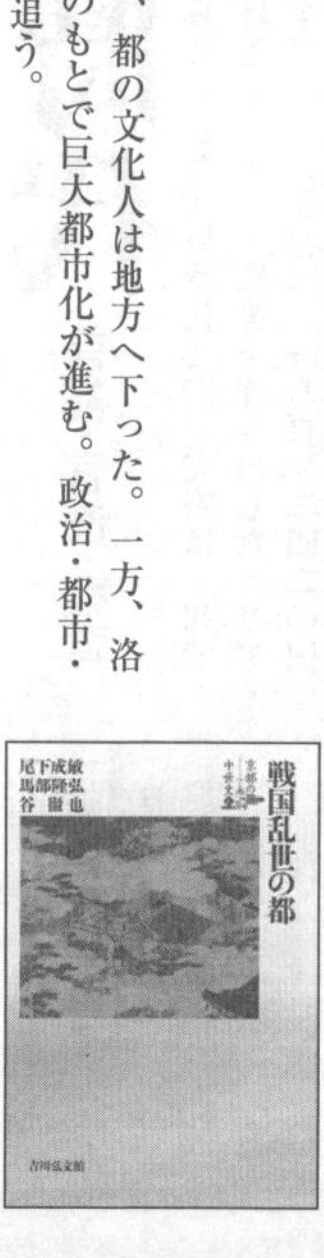

●続刊

1 摂関政治から院政へ ＊11月発売
美川 圭・佐古愛己・辻 浩和著

2 平氏政権と源平争乱
元木泰雄・佐伯智広・横内裕人著

3 公武政権の競合と協調
野口 実・長村祥知・坂口太郎著

5 首都京都と室町幕府
早島大祐・吉田賢司・大田壮一郎・松永和浩著

7 変貌する中世都市京都
山田邦和著

推薦します

上横手雅敬（京都大学名誉教授）
澤田瞳子（歴史小説家）
※50音順 敬称略

《本シリーズの特色》

◎中世日本の中心〈京都〉の歴史的役割を、摂関全盛期から戦国時代の終焉まで、時代・分野ごとの最適な執筆者が通史的に分かりやすく描き出します。

◎摂関政治繁栄の舞台となった平安京、中世都市京都へ移行していく院政期、源平の内乱を経て公武政権の成立した鎌倉時代、動乱の南北朝時代、権力と文化の生成に大きな画期があった室町時代、諸勢力が京都争奪を企てた戦国の世という激動の中世を、最先端の研究が捉えます。

◎院・天皇、公家、武士、町衆、僧侶などの人物の動向や思惑もていねいに追って、政治・文化の舞台としての都の役割を明らかにし、時代とともに変わりゆくすがたを活写します。

◎京都は全国に対し大きな影響を与える一方で、同時に地方から波及する動きも受容していました。奥羽から九州に至る諸国との関係を検証することで、日本全体を俯瞰した新たな中世史像を描き出します。

◎近年研究が進んだ考古学の成果に基づき中世京都の構造を追究した巻も編成。文献とあわせて総合的に検証して、豊かな歴史と文化が重層した現代の京都の原像をさぐります。

◎本文理解を深める図版を多数掲載。各巻の京都地図と関連年表で時代別の特徴を明確に示し、ここでしか読めない中世の都へといざないます。

古代の食を再現する
みえてきた食事と生活習慣病

三舟隆之・馬場 基編

古代の日本人は食べ物をどう加工し、調理していたのか。「正倉院文書」、さらに土器や木簡まで総動員して古代食の再現に挑戦。そこから意外な病気との関係も明らかに。学際的な研究からみえてきた知られざる食生活とは。〈2刷〉 A5判・三一六頁／三五二〇円

神社の起源と歴史

新谷尚紀著

伊勢神宮・出雲大社・沖ノ島・隅田《すだ》八幡宮・ニソの杜《もり》。大小さまざまな神社がなぜ全国に存在するのか。民俗伝承学に考古学・文献史学を織り成し、新視点から神社祭祀を比較検討。神社の歴史とその重層性の解明に挑む。 四六判・二五六頁／二二〇〇円

室町・戦国時代の法の世界

日本史史料研究会監修
松園潤一朗編

室町・戦国時代における法の多様な内容や史料のあり方、研究史、争点などをわかりやすく紹介。さまざまな階層の権力に制定・運用された法の形式や内容を解説。法と密接な諸領域から法と社会の特質を考える注目の一書。〈2刷〉 四六判 三〇四頁 二四二〇円

今に息づく江戸時代
首都・官僚・教育

大石 学著

貧困で抑圧的、勧善懲悪の時代劇イメージで語られてきた江戸時代だが、実際は平和で成熟した文明国であった。現代の生活を基礎づけるシステム・意識を作り出した〝リアル江戸〟の魅力を平易に解説。江戸時代を見直す。 A5判・二一八頁／二四二〇円

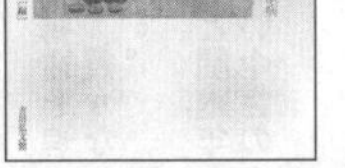

古城ファン待望の続編！ 城探訪の水先案内人として最適なシリーズ！

続 東北の名城を歩く 全2冊

飯村 均・室野秀文編

A5判・平均二八四頁・原色口絵四頁／各二七五〇円 『内容案内』送呈

南東北編 宮城・福島・山形

伊達・蘆名・最上・蒲生・上杉氏ら、群雄が割拠した往時を偲ばせる石垣や曲輪《くるわ》が訪れる者たちを魅了する。宮城・福島・山形の三県から、名城六六を選び出し、豊富な図版を交えわかりやすく紹介する。詳細かつ正確な解説とデータは城探訪に最適。最新の発掘成果に文献による裏付けを加えた、好評の〈名城を歩く〉シリーズ南東北編、待望の続編刊行。 二八六頁

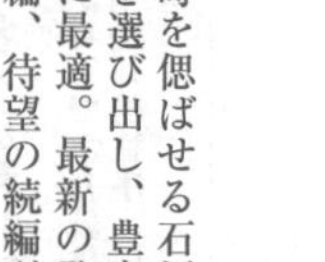

北東北編 青森・岩手・秋田

【10月刊行】

津軽・秋田・南部・安東氏ら、群雄が割拠した往時を偲ばせる空堀や土塁、曲輪が訪れる者を魅了する。青森・岩手・秋田の三県から、名城六〇を豊富な図版を交えてわかりやすく紹介。北東北編の続編。

好評既刊

東北の名城を歩く

各二七五〇円

北東北編 青森・岩手・秋田 【2刷】名城59を収録。

南東北編 宮城・福島・山形 【3刷】名城66を収録。

森戸辰男

小池聖一著 〈人物叢書／通巻310〉

戦前の思想弾圧「森戸事件」で知られる学者・教育者・政治家。戦後、新憲法制定にも関わり、文部大臣、広島大学の初代学長をへて、中教審会長として多くの教育改革を行った。一貫して社会科学者であり続けた生涯を描き出す。

四六判・三四四頁／二六四〇円

歴史文化ライブラリー

●21年5月～8月発売の9冊

四六判・平均二二〇頁　全冊書き下ろし

人類誕生から現代まで／忘れられた歴史の発掘／常識への挑戦／学問の成果を誰にもわかりやすく／ハンディな造本と読みやすい活字／個性あふれる装幀

524 中世は核家族だったのか 民衆の暮らしと生き方

西谷正浩著

日本的な家制度が出現した中世。親子・兄弟が別居する家族システムで、人々はいかに暮らし生き抜いたか。農業変革など様々な角度から大変動の背景を探る。名主《みょうしゅ》の家族戦略や財産相続にも言及し、民衆生活の変化に迫る。

〈2刷〉二二四頁／一八七〇円

525 〈武家の王〉足利氏 戦国大名と足利的秩序

谷口雄太著

群雄割拠する戦国時代も、足利氏は実力を失うが将軍であり続けた。なぜ武士たちは足利氏を認めたのか。武家の王＝足利氏とする序列意識「足利的秩序」に焦点をあて、その存続と滅亡の謎に迫り、「足利時代」を再考する。

〈3刷〉一九二頁／一八七〇円

526 沖縄戦の子どもたち

川満　彰著

太平洋戦争末期の沖縄。少年兵・学徒隊への動員、学童疎開、「集団自決」、戦争孤児など激しい戦禍に遭った少年少女たちがいた。彼らの体験や視点を通して、二度と戦争を起こさないために何ができるのかを考える。

〈2刷〉二四〇頁／一八七〇円

527 徳川忠長 兄家光の苦悩、将軍家の悲劇

小池　進著

三代将軍家光の弟で駿河大納言と呼ばれた徳川忠長。将軍家連枝でありながら、なぜ自害に至ったのか。父母より寵愛を受けた幼少期、駿府藩主時代、改易から自害に至るその全生涯を描き、幕藩政治史のなかに位置づける。

二四〇頁／一八七〇円

528 女と男の大奥 大奥法度を読み解く

福田千鶴著

江戸城本丸奥にあり、将軍の家族が暮らした後宮＝大奥。その実態を知る上で不可欠な大奥法度から歴史・職制・機能を分析。多くの男たちが出入りしていた事実を明らかにし、「女たちの大奥」という固定観念を問い直す。

二四〇頁／一八七〇円

529 外来植物が変えた江戸時代 里湖・里海の資源と都市消費

佐野静代著

人間活動を含んだ水辺の生態系を里湖《さとうみ》・里海《さとうみ》と呼ぶ。そこで採られた水産肥料の主な対象は、木綿やサトウキビなど近世の外来植物だった。山地の環境変化や都市の消費需要も視野に入れ、人為的な「自然」の実像に迫る。

二四〇頁／一八七〇円

530 〈軍港都市〉横須賀 軍隊と共生する街

高村聰史著

幕末以降、海陸軍に依存しながら発展した〈軍港都市〉横須賀。在日米海軍の基地となった今日まで、地域に存在する軍隊とそこに生きる人びとの暮らしとの関わりを解明。東洋一と謳われた軍港の歴史と〈軍都〉のゆくえを追う。

三五二頁／二三一〇円

531 慶長遣欧使節 伊達政宗が夢見た国際外交

佐々木　徹著

江戸時代初期、スペイン国王やローマ教皇と謁見した慶長遣欧使節。伊達政宗はなぜ一行を派遣したのか。国内外に散らばる史料から、政宗・幕府・スペイン・使節などの思惑が錯綜した政治的駆け引きと政宗の狙いに迫る。

二七二頁／一九八〇円

532 明暦の大火 「都市改造」という神話

岩本　馨著

世界史上最大級の惨事といわれる明暦の大火。その後の「都市改造」が新たな江戸を創り上げたというのは正しいのか。信頼できる記録から事実関係を確認。江戸図の情報から都市の変遷を読み解き、大火と復興の実像に迫る。

二九六頁／二〇九〇円

読みなおす日本史

毎月１冊ずつ刊行中　四六判

邪馬台国をとらえなおす

大塚初重著

二二四頁／二四二〇円（解説＝石川日出志）

「魏志倭人伝」の記述を踏まえ、鉄器や土器、鏡など各地の発掘成果を集成し、日本列島の社会状況と纒向遺跡・箸墓古墳の位置づけを考察。モノと人の移動の痕跡から、多くの謎を秘めた邪馬台国の手がかりを掘り起こす。

百人一首の歴史学

関　幸彦著

二三八頁／二四二〇円（補論＝関　幸彦）

鎌倉時代に藤原定家が選定し、今ではカルタで親しまれる「百人一首」。そこに登場する七〜十三世紀の歌人たちの足跡を辿りながら、古代から中世へと移りゆく時代の諸相を、王朝の記憶と文化を伝える歌の中から読み解く。

南北朝の宮廷誌　二条良基の仮名日記

国文学研究資料館編／小川剛生著

二四二〇円（補論＝小川剛生）

南北朝時代の北朝の関白で、連歌の名手二条良基。その仮名日記は荒廃した朝廷を復興し、新たな公武関係を構築しようと苦闘する姿を映し出す。三つの作品を文学と政治両面から読み解き、もう一つの南北朝動乱期を描く。二四〇頁

境界争いと戦国諜報戦

盛本昌広著

二五六頁／二四二〇円（補論＝盛本昌広）

戦国大名・国衆の戦いは、支配領域の「境目」をめぐって繰り広げられた。地形・地質の特徴を踏まえ、境目の防衛戦略と築城、境目を脅かす忍び（草）の軍勢のゲリラ戦・諜報活動から、合戦の知られざる特質を見抜く。

三宅和朗著

日本古代の環境への心性史

感性から読み解く環境史

さまざまな自然災害に直面した古代の人々。彼らは身近な人間も含めて、周囲の環境に五感を介して、何を感じ、何を見出していたのだろうか。生物学の主観的な環世界説を出発点に据え、環境への心性史を新たに構築する。

Ａ５判・三八四頁／七四八〇円

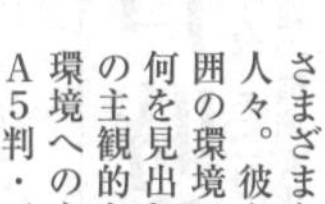

古代の王権祭祀と自然

〈僅少〉Ａ５判・三七八頁／一三二〇〇円

古代の人々の心性と環境

異界・境界・現世

Ａ５判・三七八頁／五二八〇円

古代信濃の氏族と信仰

佐藤雄一著　A5判・二八〇頁／一〇四五〇円

馬の産地、東方諸国との交通の要衝として古代王権から重視された信濃。牧を運営し中央とも繋がる有力豪族の動向や、諏訪信仰の対象が変化する社会的背景を分析。氏族と信仰を切り口に新たな古代信濃史像を提示する。

熊本藩からみた日本近世　比較藩研究の提起

今村直樹・小関悠一郎編　A5判・三二六頁／一一〇〇〇円

近年、特定の藩を対象とした藩研究が盛んになる中、熊本藩を比較軸に共同研究を行い、得られた知見と論点を提示。「比較藩研究」の手法から今後への展望を示す。二〇一九年に熊本大学で開催されたシンポジウムの成果。

近世後期の世界認識と鎖国

岩﨑奈緒子著　A5判・二七二頁・原色口絵二頁／一〇四五〇円

工藤平助「加模西葛杜加《カムサスカ》国風説考」(赤蝦夷風説考)挿入の日本初のロシアの地図は、江戸幕府に衝撃を与えた。これを契機に幕府が展開したロシア外交と蝦夷地政策を、世界認識の転換において捉え直し、「鎖国」を再考。

満洲移民・青少年義勇軍の研究　長野県下の国策遂行

本島和人著　A5判・三八〇頁／一一〇〇〇円

長野県飯田・下伊那は「全国一」満洲移民(農業移民・満蒙開拓青少年義勇軍)を送り出した。なぜここから多くの人々が海を渡り犠牲になったのか。体験者の聞き取りと新たな史料から地域の特異性に迫り、新知見を提示。

戦後の歴史研究に輝かしい業績を遺した「角田史学」の全容

角田文衞の古代学　全4巻

公益財団法人古代学協会編　A5判／各五五〇〇円

❸ヨーロッパ古代史の再構成

旧石器時代からギリシア・ローマの古典文化までを通観し、西欧だけでなく東欧や北欧までをも視野におさめた真の「ヨーロッパ古代史」。角田文衞にして初めてなし得たヨーロッパ史の実像。改めてその真価を学界に問う。

(最終回配本)　四〇〇頁

既刊

❶後宮と女性　四三二頁

❷王朝の余薫　四〇〇頁

❹角田文衞自叙伝　四〇〇頁

日本考古学 52

日本考古学協会編集 ―― A4判・一四二頁／四四〇〇円

交通史研究 第98号

交通史学会編集 ―― A5判・一〇二頁／二七五〇円

戦国史研究 第82号

戦国史研究会編集 ―― A5判・五四頁予定／七五〇円

三つのコンセプトで読み解く、新たな〝東京〟ヒストリー

みる よむ あるく 東京の歴史

全10巻完結

池 享・櫻井良樹・陣内秀信・西木浩一・吉田伸之編

B5判・平均一六〇頁／各三〇八〇円 『内容案内』送呈

巨大都市《メガロポリス》東京は、どんな歴史を歩み現在に至ったのか。古文書や絵図・地図・写真などの史料を窓口に解説した**「みる」**ことから始め、これを深く**「よむ」**ことで過去の事実に迫り、その痕跡を**「あるく」**道筋を案内。地域の基盤や時代の歩みを多面的に読み解きながら、厳選した二〇〇のテーマから個性溢れる東京の歴史を多面的に描く。

通史編

1 先史時代〜戦国時代（通史編1）

多様な地形をもち、豊かな自然に彩られる東京。武蔵国府の設置、武士団の成長、小田原北条氏の支配。その下で営まれる人びとの暮らしや社会の動きに視点を置き、「東京の歴史」の舞台と、先史から戦国時代の歩みを描きます。

2 江戸時代（通史編2）

家康の入府以来、急速に巨大城下町へと変貌する江戸。幕藩権力や物流、そして人びとの生活を支えるインフラや都市行政。災害や病、歌舞伎・浮世絵など民衆文化を見ながら、巨大城下町における人びとの営みを描きます。

3 明治時代〜現代（通史編3）

明治維新により江戸は「東京」と名前を変え、首都となりました。いかに東京は形成され、そこで人びとは暮らしたのでしょうか。都市化の進展、震災と戦災、戦後復興から今日の国際化まで、激動の近現代史に迫ります。

地帯編

4 千代田区・港区・新宿区・文京区（地帯編1）

東京駅を有す丸の内、官庁の建ち並ぶ霞が関、花街の赤坂・神楽坂、土器名発祥の弥生町。都心に位置し、首都の役割を担いながら、濃密に過去の面影を残しています。何がどう受け継がれ、今を形づくったのでしょうか。

5 中央区・台東区・墨田区・江東区（地帯編2）

江戸東京の中心日本橋から京橋・銀座、市場で賑わう築地、大寺院が織りなす人気観光地浅草・上野、水路が巡り震災・戦災の記憶が漂う本所・深川。江戸の余韻を湛えつつ、新たな歴史を築く隅田川周辺の特徴をさぐります。

6 品川区・大田区・目黒区・世田谷区（地帯編3）

海に臨む品川・大森・羽田。江戸以来の大都市近郊行楽地・目黒。世田谷から大田へと、古墳や遺跡が連なる多摩川中下流域。早くベッドタウンが広がり、空港・リニア新幹線などと、変貌続ける二三区の南部をみつめます。

7 渋谷区・中野区・杉並区・板橋区・練馬区・豊島区・北区（地帯編4）

いまは繁華街として多くの人で賑わう渋谷や池袋も、江戸時代には郊外でした。近代化にともない鉄道が伸び、人が移り住み、やがてムラからマチへと都市化を遂げていった、二三区西北部エリアの変貌と発展を描きます。

8 足立区・葛飾区・荒川区・江戸川区（地帯編5）

肥沃な大地と豊かな水がもたらした江戸近郊の農業と近代的工場群。宿場町千住や門前町柴又のなつかしい街並みと、再開発されたニュータウンが溶け合う東京低地の四区。新たな活気に満ちた東郊のルーツを探ります。

9 多摩Ⅰ（地帯編6）

崖線からの湧き水が人びとの生活を潤した立川段丘、宅地化事業に広大な土地を提供した多摩丘陵、水や森林資源をはじめ国立公園などの観光資源を提供する奥多摩。開発と豊かな自然が織りなす多摩地域の歴史を探ります。

10 多摩Ⅱ・島嶼（地帯編7）

古代武蔵国の中心として栄え、江戸へつながる街道や鉄道敷設で発展してきた多摩東部。観光地として人気の伊豆諸島、世界自然遺産に指定された小笠原諸島。首都近郊の多摩地域と、豊かな自然を残す島嶼の歴史を訪ねます。（最終回）

われわれは宗教をどう理解し、いかに向き合うか？

新しい人文学のあり方を構想する画期的シリーズ！

日本宗教史 全6巻

〈企画編集委員〉伊藤 聡・上島 享・佐藤文子・吉田一彦

A5判・平均三二〇頁／各四一八〇円『内容案内』送呈

世界各地で頻発する紛争や、疫病、自然災害など、不安が増大する今日、宗教の役割が問い直されている。古代から現代に至る長い時間軸の中で日本の宗教をとらえ、世界との豊かな文化交流と日本列島に生きた人々の信仰の実態に着目して分野横断的に諸相を追究する。様々な学問分野の研究蓄積を活かし、世界史の中の新たな日本の宗教史像を提示する。

1 日本宗教史を問い直す〈2刷〉 吉田一彦・上島 享編

2 世界のなかの日本宗教 上島 享・吉田一彦編

3 宗教の融合と分離・衝突〈2刷〉 伊藤 聡・吉田一彦編

4 宗教の受容と交流 佐藤文子・上島 享編

5 日本宗教の信仰世界 伊藤 聡・佐藤文子編

6 日本宗教史研究の軌跡 佐藤文子・吉田一彦編

学校教育に戦争孤児たちの歴史を！
戦争の本質を学び平和学習・人権教育にいかす

戦争孤児たちの戦後史 全3巻

浅井春夫・川満 彰・平井美津子
本庄 豊・水野喜代志 編

各二四二〇円 A5判・平均二五四頁／『内容案内』送呈

1 総論編
浅井春夫・川満 彰編

孤児になる経緯・ジェンダーなどの視角を重視し、現代的観点から孤児問題を考える姿勢を提示する。年表も掲載。〈3刷〉

2 西日本編
平井美津子・本庄 豊編

孤児救済に尽力した施設や原爆孤児のための精神養子運動などの取り組み、大阪大空襲や引揚、沖縄戦における実態を詳述。〈2刷〉

3 東日本・満洲編
浅井春夫・水野喜代志編

養育院・上野地下道・残留孤児をキーワードに、児童福祉施設の運営、東京大空襲の被害や引揚の実相などを詳述。今後の課題を展望。

ユネスコの世界文化遺産に登録された
平泉の魅力に迫る！

平泉の文化史 全3巻

菅野成寛監修 各二八六〇円

B5判・本文平均一八八頁
原色口絵八頁／『内容案内』送呈

1 平泉を掘る 寺院庭園・柳之御所・平泉遺跡群

及川 司編 柳之御所遺跡、毛越寺と無量光院跡、国見山廃寺跡…。発掘調査成果から、中世平泉の社会を明らかにする。

2 平泉の仏教史 歴史・仏教・建築

菅野成寛編 金銀字一切経などに着目し、平泉前史の国見山廃寺の性格から鎌倉期の中尊寺史まで、仏教文化の実像に迫る。

3 中尊寺の仏教美術 彫刻・絵画・工芸

浅井和春・長岡龍作編 同時代の京都の動向や造像の比較とともに、科学調査の成果から検討。平泉の仏教世界に迫る。

恋する日本史

A5判 二五六頁

『日本歴史』編集委員会編 〈2刷〉二二〇〇円

天皇・貴族から庶民まで、昔の人々の知られざる恋愛を歴史学・国文学などのエキスパートが紹介。無名の人物が貫いた純愛、異性間に限らない恋心、道ならぬ恋が生んだ悲劇…。恋愛を通してみると歴史はこんなに面白い！

日本神道史（増補新版）

四一六頁 原色口絵四頁

岡田莊司・小林宣彦編 四六判／三八五〇円

古来、神は日本人の精神的より所として存在し、国家成立に大きな位置を占めていた。初版刊行から一〇年、沖ノ島や律令国家祭祀に新知見を加えるなど、記述を見直しよりわかりやすく編集。今も息づく神道の世界へ誘う。

大伴旅《たび》人《と》（人物叢書309）

鉄野昌弘著 四六判・三〇四頁／二四二〇円

『万葉集』などに数多くの作品を残した歌人・政治家。栄達の過程、大宰府への下向、山上憶良との交友などを、歌とともに辿る。大伴氏の中核で高級官人でありながら、個人の心情を表出した歌の世界を切り開いた生涯。

日本史「今日は何の日」事典

吉川弘文館編集部編 367日+360日・西暦換算併記

正確な日付で「その日」の出来事が分かる日めくり事典。出典の明らかな記事を日付ごとに掲載。暦に関するコラムや付録も充実したユニークな歴史カレンダー。

〈3刷〉A5判・四〇八頁／三八五〇円

地図で考える中世 交通と社会

榎原雅治著 〈2刷〉A5判・四〇〇頁／五二八〇円

地形図・絵図・航空写真などから、一三～一六世紀の陸上交通のあり方を分析。宿町の構造と機能、交通整備に関わる幕府や宗教者の役割を考察して中世日本社会を読み解き、東海道沿道地域の開発と災害の歴史をも見通す。

幣原《しではら》喜重郎（人物叢書308）

種稲秀司著 四六判・三五二頁／二六四〇円

近代日本の外交官・政治家。ワシントン会議全権を務め、外相として幣原外交を展開。敗戦後首相となり、日本国憲法草案を発表した。多彩な史料や新聞雑誌記事、議会議事録を駆使して生涯を辿り、外交理念、信念を考える。

●近刊

※書名は仮題のものもあります。

日本古代の塩生産と流通
岸本雅敏著
B5判／一一〇〇〇円

六波羅探題 京を治めた北条一門（歴史文化ライブラリー535）
森 幸夫著
四六判／価格は未定

信濃国の南北朝内乱 悪党と八〇年のカオス（歴史文化ライブラリー536）
櫻井 彦著
四六判／価格は未定

尋尊（人物叢書311）
安田次郎著
四六判／二五三〇円

中世後期の京郊荘園村落
高木純一著
A5判／八八〇〇円

江戸城 将軍家の生活（読みなおす日本史）
村井益男著
四六判／二四二〇円

隠れた名君 前田利常 加賀百万石の運営手腕（歴史文化ライブラリー533）
木越隆三著
四六判／一九八〇円

裁かれた絵師たち 近世初期京都画壇の裏事情
五十嵐公一著
A5判／価格は未定

明治日本と日清開戦 東アジア秩序構想の展開
大澤博明著
A5判／価格は未定

日清・日露戦後経営と議会政治 官民調和構想の相克
伊藤陽平著
A5判／価格は未定

小笠原長生と天皇制軍国思想
田中宏巳著
A5判／一三二〇〇円

巣鴨日記 正・続（合本新装版）
重光 葵著
A5判／価格は未定

軍港都市の一五〇年 横須賀・呉・佐世保・舞鶴（歴史文化ライブラリー534）
上杉和央著
四六判／二〇九〇円

歴史手帳 2022年版
吉川弘文館編集部編
A6判／一三二〇円

予約募集

対決の東国史 全7巻
12月刊行開始！
四六判／予価各二二〇〇円

鎌倉から戦国まで、武家の「対立軸」を中心に歴史過程を描く！

第1回2冊配本
❷北条氏と三浦氏（仮題）……高橋秀樹著
❸足利氏と新田氏（仮題）……田中大喜著

います。けれども、沖縄本島北部地域や宮古、八重山地域では、清明の墓参りを行なわないところもあり、それはこの習慣が、まず王国時代に首里や那覇の士族階層に中国から受け入れられ、のちに他の地域に徐々に広まったことを示します。この清明の節の墓参りの習慣とは別に、奄美諸島から八重山諸島まで琉球列島全体に、旧暦正月の中ごろ、一六日に家族や親族がそろって墓参りをする習慣があり、それが、古くからあった土着の文化だと思われます。日本本土には旧正月の一五日、または一四日から一六日までを「小正月《こしょうがつ》」と呼んで、「祖先の正月」としたり、東北地方の正月一五日夜の「なまはげ」行事のように、邪悪なものを祓《はら》い、福をもたらす神を家々で迎える行事があります。琉球列島の旧正月の一六日の墓参りは本土の小正月の行事につながるものでしょう。

このように、年中行事など琉球列島の民俗事象には、ほぼ列島全域に見られるものと、さきほどの清明の墓参りのようにそれを行なう地域が限られているものとがあって、その分布の偏りから、その文化がこの地域に入った時期を推定することができます。すなわち、偏りが多いほどこの列島に近い過去に流入した文化だと推定できるのです。いくつか、そのような事例を紹介することにしましょう。

民俗研究のなかで、地域や民族の年中行事について聞いたり、その行事の進められる過程をじっさいに観察することは、その文化を知るうえできわめて重要な第一歩といえます。年中行事とは、なんでしょう。そしてそれを知ることで、何がわかるのでしょうか。

柳田国男監修の『民俗学辞典』によれば、年中行事とは「年々同じ暦時がくれば、同じ様式の習慣的な営みが繰りかえされるような伝承的行事をいう。ただし、それは個人について年々繰りかえされるものでなしに、家庭や、村落・民族など、とにかく或る集団ごとにしきたりとして共通に営まれるものである」とあります。

年の節目

年中行事、年ごとに繰り返される行事や祭りのことを、沖縄のことばで、ウイミ（折り目）、シツィビ（節日）といいます。それは生活のなかの〝区切り〟を意味しています。延々と続く日常生活の時間の流れに、一つの区切りをつけること、それは昔も今も人間が生きていくうえで大切な意味をもっているといえます。中国の二十四節気は季節の変化、気候の変化で一年間の時間のながれに節目《ふしめ》をつけたのです。

こうした節目は、地域や民族を超えて共通するもので、生活をささえている生産物を中心とする周期を軸とするものです。耕作を考えてみましょう。穀物の種蒔《たねま》きから刈り入れ・収穫の時期までの一周期を基準にして、さまざまな区切り――穀物の種を準備する日（種を水に浸《つ》けたりして良い種を選ぶ）、種蒔き、芽が出る時期、穂の出る時期、害虫の祓《はら》いを行なう時期、穂の結実の時期（穂孕《ほばら》み期）など――をつけて、その節目節目に穀物の順調な成長を祈ったりします。かつて農業が人々の暮らしをささえていたころ、穀物の成長を妨げないためによく「物忌《ものい》み」ということがありました。物忌みは、昼は仕事を休み、夜は三味線を弾いたり歌を大声で歌ったりしないで静かにすごすことです。

琉球列島の各地には、年中行事として物忌みの日が一年に幾度かあり、その日は仕事を休み、家のなかで静かにしていたようです。石垣島の川平《かびら》という集落では、この物忌みのことを「ムヌン」といい、今日でも「ムヌン」は年に五度の集落の年中行事表に記されています。この「ムヌン」は稲の発芽のころや、穂の結実期など穀物の生育の重要な時期と深く結びついています。稲の発芽や穂が出始めるころに、歌を歌ったり、三味線を弾いたりして物音をたてると、稲が出そうとした芽を驚いて引っ込めてしまうから、静かにするのだと聞いたことがあります。これは、自然界に人間と同じ感性の存在を認める考え方を示すものと思います。また「ムヌン」は人々に休息を与える効果も生んだようです。本土では平安時代の貴族の日記にも「物忌み」だから宮廷への出勤を控えるという記事が見えます。「物忌み」の日は魑魅魍魎《ちみもうりょう》（山や川の妖怪）が跋扈《ばっこ》する日であるから、それに出会わぬよう外に出るなどの行動は控えるという観念もみられます。

年中行事はそれを観察することによって、人々の自然観や神観念などを知ることができます。さらに、家族や集落の人々がその行事を行なうために、どのように役割を分担し、どのような組織をつくるかを観察することで、人の結びつきや集団の仕組みなどを知ることができるのです。

地域や民族の文化を知るうえで、年中行事の観察や分析がどのような意味をもつかを述べてきましたが、琉球列島と他のアジア地域との文化的つながりを見るためにも、年中行事は大きな手がかりを与えてくれます。その具体的な例として、沖縄の爬龍船行事をとりあげてみましょう。とくにこの行事をとりあげたのは、沖縄の爬龍船に類似する行事が、中国大陸から東南アジア大陸部にかけて多くみられること、そのいくつかをじっさいに私も見ることができたからです。なお、この行事については、琉球列島内での地域差や、アジア地域との比較をめざした『沖縄の船漕ぎ祭祀の民族学的研究』（白鳥芳郎ほか編）の研究が知られています。

四　舟漕ぎ行事のアジアでのひろがり

爬龍船行事の由来

旧暦五月四日、沖縄の代表的な漁業の町糸満《いとまん》など海辺の村や町で、「ハーリー」（糸満ではハーレー）と呼ばれる舟漕ぎを競う祭りがあります。ハーリーは沖縄の史書にある「爬龍船」の爬龍に由来するものであり、九州長崎の「ペーロン」もその同系の呼称であると思います。五月四日のハーリー行事は、沖縄本島南部では糸満のほかに名城、喜屋武《きやん》、港川《みなとがわ》、奥武など、本島中部では読谷《よみたん》の都屋《とや》、東海岸の平安座《へんざ》など各地に見ることができます。かつては那覇市でもハーリー行事はありましたが、いまは五月のゴールデンウィークの〝呼び物〟として観光化していて、民俗行事としての意味は薄れつつあります。

この旧暦五月四日のハーリー行事は、端午《たんご》の節句《せっく》、五月五日に中国福建省や広東省などの東シナ海沿岸部で行なわれる「龍舟節《りゅうしゅうせつ》」と同じ起源のものであることは確かです。一八世紀に編纂された『琉球国由来記』巻八の「那覇由来記」の項に、およそ次のような記事があります。

この国に爬龍船が漕ぎ始めた年代は不明であるが、民間に伝わっている話によると、昔、長浜《ながはま》大夫《たいふ》という人（その唐名はわからない）が、南京の爬龍船にまねて造ったという。ゆえに五月三日にはこの長浜という人の（供養の）ために、西の海で漕ぐということだ。だから漕ぎ手は死装《しにしょう》束《ぞく》である白帷子《しろかたびら》を着る。昔は久米村の爬龍船、那覇の爬龍船、若狭《わかさ》（注。現在は那覇市の一地区。以下も同じ）の爬龍船、垣花の爬龍船、泉崎《いずみさき》の爬龍船、上の泊《とまり》の爬龍船、下の泊の爬龍船などというように多くの爬龍船が出たといわれているが、今は那覇、久米、泊からの三艘《そう》残っている。

屈原の像

この記事の内容は、後に触れるように、中国その他の龍舟行事と比較するうえで大変重要な事柄が含まれています。また、同じ『琉球国由来記』巻九の「唐栄旧記全集」には、

爬龍船は、屈原《くつげん》を弔うために造られたと考えられる。琉球にはもともとこの爬龍船はなかった。いろいろな文献からみると、屈原は楚《そ》の国の賢人である懐《かい》王につかえ、江南で讒言《ざんげん》にあい、五月四日、洞庭湖《どうていこ》近くの汨《べき》

羅《ら》という所で入水《じゆすい》自殺をした。楚の国の人は毎年五月五日になると彼の死を悼《いた》み、船を並べて漕《こ》いだ。のちにその船を龍舟に造り替えた。これが爬龍船の由来である。いま、中国の（揚子）江の流域の村人たちは毎年五月多くの龍舟を造り、競度（競争）をして供養している。これを称して「為祝太平之盛儀」という。琉球でこの爬龍船を始めたのは、三十六姓である。琉球に来て後に太平を祝うものとして、この爬龍船ができるようになった。

という記述が見えます。

やはり一七四五年に編纂された琉球王国の正史書『球陽《きゆうよう》』には、雨ごいの儀式のため首里の龍潭《りゆうたん》池に爬龍船を浮かべたという記録があります。

長年にわたって中国を中心とする龍舟行事について、方志《ほうし》（地方史）など文献研究を続けておられる君島久子《きみしまひさこ》さんは、龍舟行事の宗教的意味について、ある英雄的人物の霊を慰めるためという解釈の裏に、疫病を放逐し災厄を祓うということも含んでいることを強調されています。さらに、豊穣を祈るなど農耕との結びつきも指摘しておられます。

龍舟競技の起源についてのもっともよく知られている伝承は、先述の「唐栄旧記全集」にも記されている屈原の故事です。沖縄の爬龍船の起源をめぐる民間説話にも、それと似た悲劇の英雄的人物にまつわる次のような話があります。

首里の王にこの世で一番貴重なものは何かと問われた人物がいて、それは塩ですと答えたのに怒った王が、その人物を島流しにした。その後長雨が続き、塩田《えんでん》で塩ができず、島中で塩不足に苦しんだ。王家の建物の天井裏に塩の袋が貯蔵されていたが、誰もそれを知るものはなかった。ところが長雨のための雨漏《あまも》りで天井裏の塩袋から塩が溶けだし、その雫《しずく》が、偶然その下で食事中の王の汁椀に落ち、はじめて王は塩の貴重なことを実感する。自分の非を悟った王に、島流しにした人物を迎えに行くように命じられた人々が競って船を流刑の島に走らせた。それが爬龍船の始まりである。

前に紹介した長浜大夫の話も、英雄と結びつけた由来伝承の類型に入れていいでしょう。それは「唐栄旧記全集」の、大陸の屈原にまつわる由来伝承をそのまま記したものに比べて、はるかに土着的です。長浜大夫の供養に白帷子を着て舟を漕いだという伝承の内容は、他の地域の龍舟・爬龍船行事との比較に重要な要素となるものです。

この那覇の爬龍船の由来伝承だけでなく、糸満のハーレーも、中国との結びつきがみられます。一三七二年に中国（明）に進貢使をはじめて派遣した中山（浦添、のちに首里）と同じように、当時、沖縄本島南部の大里（今の糸満市の東）に城を構えていた「南山《なんざん》」の王承察度《しようさつと》も、一三八〇年使者師《し》惹《じやく》を遣わし、明に初めて進貢しています。また、今帰仁《なきじん》城を拠点にした「北山《ほくざん》」の王怕尼芝《はにじ》も、遅れて一三八三年、使者模結習《もけつしゆう》を派遣しています。南山王の弟汪応祖《おうおうそ》が南京に留学してそこでみた爬龍船を帰国後に造り、那覇港で競争をさせたといわれています。汪応祖は一四〇九年に南山の王になり、その後、糸満で爬龍船行事が行なわれた可能性もあります。この五月四日の那覇、糸満で行なわれる爬龍船行事は、中国南部からの移入とみてまちがいないでしょう。

端午の節句と餅

五月五日は端午《たんご》の節句《せっく》です。香港など中国ではこの日、粽《ちまき》を作り、豚肉などを祖先に供え、家内の健康を祈るといいます。台湾の漢民族でも同じような供え物があり、菖蒲《シヨウブ》や蓬《ヨモギ》を湯に入れ、それで体を洗うと百病を防ぐと信じられていたようです。沖縄では、『琉球国由来記』に、円覚寺から菖蒲が王城内の儀式に進呈され、一般の人々は菖蒲を竈神《かまがみ》と祖先に供え、菖蒲の葉を入れた菖蒲酒を飲むという記事があり、また今日、

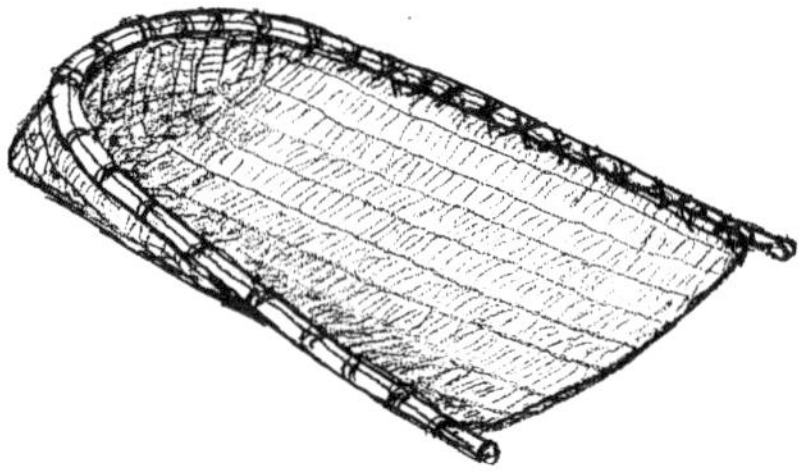

箕

民俗調査による資料でも、地域によっていろいろな儀礼が行なわれたことが見えます。玉城村糸数《いとかず》などで、山羊《やぎ》や豚などの料理を祖先に供えたり、宜野湾《ぎのわん》市の新城《あらぐすく》では、麦、砂糖などで「ぜんざい」に似た「アマガシ」というのをつくり祖先に供え、菖蒲の葉で持病のあるところを巻くと治ると信じられていたこと、読谷村《よみたんそん》では、アマガシを供えるとき、菖蒲の葉で作った箸《はし》と一緒に供えたこと、頭や腰に菖蒲を巻いて悪魔が来ないように祈願したなど、また北谷町《ちやたん》では菖蒲酒を祖先と竈のところのヒヌカン（火の神）に供えるなど、菖蒲のもつ力に対する信仰が強かったようです。本土でも端午の節

郵便はがき

料金受取人払郵便

1 1 3-8 7 9 0

本郷局承認

4887

差出有効期間
2023年7月
31日まで

東京都文京区本郷7丁目2番8号

吉川弘文館 行

愛読者カード

本書をお買い上げいただきまして、まことにありがとうございました。このハガキを、小社へのご意見またはご注文にご利用下さい。

お買上**書名**

＊本書に関するご感想、ご批判をお聞かせ下さい。

＊出版を希望するテーマ・執筆者名をお聞かせ下さい。

お買上書店名　区市町　書店

◆新刊情報はホームページで　http://www.yoshikawa-k.co.jp/

◆ご注文、ご意見については　E-mail:sales@yoshikawa-k.co.jp

ふりがな ご氏名		年齢　　歳　男・女
〒□□□-□□□□ ご住所		電話
ご職業	所属学会等	
ご購読 新聞名	ご購読 雑誌名	

今後、吉川弘文館の「新刊案内」等をお送りいたします(年に数回を予定)。
ご承諾いただける方は右の□の中に✓をご記入ください。　□

注 文 書

月　　日

書　名	定　価	部　数
	円	部
	円	部
	円	部
	円	部
	円	部

配本は、○印を付けた方法にして下さい。

イ.下記書店へ配本して下さい。
（直接書店にお渡し下さい）

（書店・取次帖合印）

書店様へ＝書店帖合印を捺印下さい。

ロ.直接送本して下さい。

代金（書籍代＋送料・代引手数料）は、お届けの際に現品と引換えにお支払下さい。送料・代引手数料は、1回のお届けごとに500円です（いずれも税込）。

＊お急ぎのご注文には電話、FAXをご利用ください。
電話 03−3813−9151（代）
FAX 03−3812−3544

（ご注意）
・この用紙は、機械で処理しますので、金額を記入する際は、枠内にはっきりと記入してください。また、本票を汚したり、折り曲げたりしないでください。
・この用紙は、ゆうちょ銀行又は郵便局の払込機能付きＡＴＭでもご利用いただけます。
・この払込書を、ゆうちょ銀行又は郵便局の渉外員にお預けになるときは、引換えに預り証を必ずお受け取りください。
・ご依頼人様からご提出いただきました払込書に記載されたおところ、おなまえ等は、加入者様に通知されます。
・この受領証は、払込みの証拠となるものですから大切に保管してください。

収入印紙
課税相当額以上
貼　　付
印

この用紙で「本郷」年間購読のお申し込みができます。

◆この申込票に必要事項をご記入の上、記載金額を添えて郵便局でお払込み下さい。
◆「本郷」のご送金は、４年分までとさせて頂きます。
※お客様のご都合で解約される場合は、ご返金いたしかねます。ご了承下さい。

この用紙で書籍のご注文ができます。

◆この申込票の通信欄にご注文の書籍をご記入の上、書籍代金（本体価格＋消費税）に荷造送料を加えた金額をお払込み下さい。
◆荷造送料は、ご注文１回の配送につき 500 円です。
◆キャンセルやご入金が重複した際のご返金は、送料・手数料を差し引かせて頂く場合があります。
◆入金確認まで約７日かかります。ご了承下さい。

※領収証は改めてお送りいたしませんので、予めご了承下さい。

お問い合わせ　〒113-0033・東京都文京区本郷７—２—８
吉川弘文館　営業部
電話03-3813-9151　FAX03-3812-3544

この場所には、何も記載しないでください。

払込取扱票

02 東京

通常払込料金加入者負担

口座記号番号	金額
00100–5–244	千 百 十 万 千 百 十 円 ※

加入者名	料金	備考
株式会社 吉川弘文館		

ご依頼人・通信欄

フリガナ
※お名前
郵便番号　電話
※ご住所
※

〈この用紙で書籍代金ご入金のお客様へ〉
代金引換便、ネット通販ご購入後のご入金の重複が増えておりますので、ご注意ください。

各票の※印欄は、ご依頼人において記載してください。

◆「本郷」購読を希望します

購読開始 　　号 より

1年 1000円 (6冊)　3年 2800円 (18冊)
2年 2000円 (12冊)　4年 3600円 (24冊)
(ご希望の購読期間に○印をお付け下さい)

日附印

裏面の注意事項をお読みください。(ゆうちょ銀行)(承認番号東第53889号)

これより下部には何も記入しないでください。

切り取らないでお出しください。

記載事項を訂正した場合は、その箇所に訂正印を押してください。

振替払込請求書兼受領証

口座記号番号	00100–5–244 (通常払込料金加入者負担)
加入者名	株式会社 吉川弘文館
金額	千 百 十 万 千 百 十 円 ※
ご依頼人	おなまえ ※　様
料金	日附印
備考	

この受領証は、大切に保管してください。

句には菖蒲湯に入る習慣があり、菖蒲については東アジアにひろく共通する考え方があるようです。粽を作る習慣は、中国、日本本土に共通してありますが、沖縄ではどうでしょう。『琉球国由来記』巻八、「爬龍船ノ由来」の項に「附、メイ餅ノ事」として、

> 五月五日箕餅、唐土ノ粽ニ准ヘ作リケルトナリ。箕ノカタチニ似タル故、爾云ヤラン（その日。メイ餅〈ミームチか?〉というものを作る、それは中国の粽に倣《なら》って作ったという。箕《み》の形に似ているからそう呼ぶのであろう）。

という記述があります。この箕餅・「メイ餅」というのがどういうものでしょうか。同じく『琉球国由来記』巻三の「事始」の項の「飲食門」に、「糉《そう》」（チマキ）として、

> 俗にメイ餅といい、タケの葉で包む。中国と交流するようになって、閩糉に倣ったものであろう。

と書いてあります。この箕餅というのは、形が箕《み》に似ていることからその名がついたのではないかと、その記事も推定で書いてあるのですが、それだけに、箕と似ているというのは、そのころの中国福建省の閩糉がどんなものであったかを知らないかぎり、イメージがわきません。

私がこの箕餅にこだわるのは、「箕」の字を「笠《かさ》」と置き換えたらどうか、と考えたからです。「笠餅」は「カサムチ」の当て字とすれば、意味の理解は箕餅よりも容易になります。「カサムチ」「カーサムチ」とは、植物の葉で包んだ餅のことで、葉は月桃《ゲットウ》（沖縄のことばでサニン）の葉、砂糖黍の葉、蒲葵《クバ》の葉など、植物の種類は問いません。さらに、この「笠」も「柏餅《かしわもち》」の柏の誤用と考えることが

できます。

「箕餅」、「笠餅」の話はさておき、『琉球国由来記』の記事によると、首里の王府にあった粽を作る習慣は、なぜか、地方の行事にはないようです。沖縄には、一二月八日に月桃の葉などに包んだ餅を供える「鬼餅」の行事があり、「植物の葉っぱで包む餅」の習慣がそれと重なるせいなのでしょうか。でも、王城内の行事にも「鬼餅」はあり、その理由は成り立ちません。『琉球国由来記』巻一の「王城之公事」の項、一二月の「鬼餅」の記事をよく見ますと、その由来話は書いてありますが、その餅が植物の葉で包まれているとは書いてないのです。現在の鬼餅行事の餅は、香りのいい月桃の葉に包んだ餅です。菖蒲の葉も香りがよく、この強めの香りが、邪悪のものを祓う力があると信じられていたと思います。じっさい、最近この月桃の葉には腐敗を防ぐ酵素《こうそ》が含まれているという科学的なデータが示されています。

五月の竹の葉などで包む粽の習慣は人々に広く伝わることなく、一方、一二月の鬼餅の行事は餅を香りのある植物の葉で包む習慣で結びついて広い地域に広まった、ということの要因については、これからの研究課題としておきます。ただ、私の小学校の頃まで、一般の家庭では芋が主食であり、祭りやお祝いのときにだけ米が食べられるという状態でした。また、王国時代、貢租《こうそ》（穀物による税金）の取り立てのために、王府から地方の農民に「祭り行事を控えぜいたくをしないように」という布告《ふこく》が何度も出されたことを考えると、米の餅を作り祖先に供える行事の〝縮小〟もあったと思います。

首里王府の支配体制とその政策による地方の祭り行事の廃止・簡素化も、年中行事の変化や歴史を考えるとき、忘れてはならないことだと思います。

粽は、本土でも腐るのを遅らせる作用のある木の灰から取った灰汁《あく》を使うなどして、保存食としての一面ももっています。タイの山地のヤオの人たちも、粽に似た保存食を作ります。それはふつう、遠い旅——二、三日かけて山地を歩き、知人や親族のいる村への旅にたずさえるもので、炊いた米飯に豚の脂身を混ぜたものに竈の灰をまぶし、外側も内側もうすく青みがかった飯を筒状にしてバナナの葉で包んだものでした。食べてみると塩っぽい味で、おそらく食塩（岩塩が多い）も入れてあったのでしょう。

話を戻しますが、琉球列島の奄美諸島から八重山諸島までほぼ列島全域に、主に漁村を中心にこの五月の爬龍船行事は分布していますが、そのほとんどは出稼《でかせ》ぎに出た糸満の漁師などが持ち込んだものと思われます。糸満の漁師はその「追い込み漁法」（アギヤーとかパンタタカーと呼ばれ、大きく張った網の中に人が潜って魚を追いこむ）という独特の漁法をもって、日本各地だけでなく、第二次世界大戦中までは遠くミクロネシアまで移動していました。日本海側の海域では甑島《こしき》まで、太平洋側は三宅島など伊豆諸島まで出かけたようです。

奄美大島の爬龍船行事の古い記録としては、薩摩藩士名越佐源太《なごやさげんた》の書いた手記『南島雑話』に、伊津《いつ》村のハレ漕ぎのことがあります。

宮古諸島の池間《いけま》島では、五月四日に爬龍船競争が行なわれ、ここではヒャーリクズ（爬龍船漕ぎのこと）と呼びますが、伝承によると、出稼ぎに来ていた糸満の漁師たちは漁期のあいだ集落の近くに住み、漁をしており、旧暦五月の初めになると、故郷糸満で行なわれる爬龍船行事に参加するために帰って行くのが通例でしたが、ある年に海が荒れて故郷に帰れなくなり、やむなく池間島で爬龍船を漕ぐようになって、それ以来池間島の行事として毎年行なわれるようになったそうです。

端午の節句と結びついた行事としての爬龍船漕ぎ、そして菖蒲のもつ災厄除けの信仰などが中国から伝来したことは、歴史資料や伝承で明らかです。しかし、爬龍船行事は五月五日ではなく、先に述べたように、『琉球国由来記』の「那覇由来記」の記事には五月三日、そして現在の年中行事では五月四日です。この期日のずれは、福建省にその例があることから、双方の深い交流を考えるとなっとくできます。端午の節句と粽、菖蒲との結びつきに比べると、爬龍船との結びつきは中国でも地域差があり、広がりは限られているようです。

舟漕ぎ行事とニライ・カナイ

那覇や糸満の爬龍船行事は、その時季や由来ばなしから、中国伝来のものであることが理解できたと思います。しかし、このハーリーのほかに、琉球列島には舟漕ぎを競う行事があります。それが行なわれる時季は五月ではなく、七月から一〇月まで、地域によって異なりますが、これまで述べてきた五月五日の舟漕ぎとはまったく異なる信仰にもとづく行事なのです。その例として、沖縄本島北部、塩屋湾の「ウンガミ」という行事と、八重山、西表《いりおもて》島の祖納《そない》の「シツィ」の行事をあげることができます。

この二つの祭り、ウンガミとシツィに共通するのは、海のかなた、水平線の向こうの「ニライ・カナイ」という神々の世界から、年の変わり目にこの人間の住むシマ（島、あるいは集落）に神が訪れ、ユー（世、豊かさ）をもたらしてくれる、という信仰が、祭りの基礎になっていることです。人の住む世界、島や村には、外の世界との境目があり、そこから向こう側である外の世界は、いろいろな魔物や悪霊や疫病の世界であると考え、村の外れ、外との境界に大きな像を据えて悪疫が村に入るのを防ぐという風習は、日本の各地ばかりでなく朝鮮半島の天下大将軍《てんかだいしょうぐん》をはじめ、世界各地に見られます。また、紀伊半島には昔、海のはるか彼方に「補陀落《ふだらく》」という理想の世界があるという信仰があり、僧侶が独り小舟に乗りそれをめざして海へ出るという伝承行事（補陀落渡海《とかい》）があり、多くの僧がそれを行なったことが知られています。そのように、人間世界とはるか離れたところに別の世界を想定したり、あるいは人間の住む地上に対し、神々の住む天上があるという考えがあります。

人間世界を含めて、この世界がどのようになっているか「心のなかに描くこと」、それが信仰や宗教と結びつくことがあります。これは宗教的、または信仰上の世界観ということができます。この地球のほかにどういう惑星があり、銀河系がどのくらいの大きさで、別の銀河系がいくつもあるという知識をもとに描く宇宙観は、科学的宇宙観ですが、人の信仰の支えになっているのは、それとは異なるもので、このように「幸せをもたらす神々の住む世界」を海の彼方に思い描くようなものは、信仰上の世界観といえます。年中行事の祭りなどは、そのような科学的世界観とはまったく異なる世界観や宇宙観にもとづくものです。

海の彼方にあるニライ・カナイという世界を心のなかに描き、そこからやってくる神が人間の住む村に穀物の豊作や長寿など幸せを運んでくるという信仰が「ニライ・カナイ信仰」です。この信仰は、琉球列島の島々、村々の祭りをささえる特徴的な世界観を表すものとして、民俗学の研究者から注目されてきました。人間世界とは異なる別の世界からやってくる神々への信仰は、琉球列島だけでなく日本本土やアジア各地にみられます。年中行事の祭りを支えてきたものは、そういう信仰であり世界観です。

子供のころ、月の表面に見える黒い部分の形を「ウサギが餅つきをしている」と教えられた当時とは違い、いまはそういうことを心に描く子供は少なくなったといわれます。月面のことがじっさいに明らかにされ、そうした科学的な宇宙観で宇宙を見る時代になったのです。しかし、そのような科学的宇宙観、科学的知識は中国もヨーロッパもみな共通です。それに対しニライ・カナイ信仰に支えられた世界観は、海に囲まれた島嶼という自然環境のなかで人々が思い描いてきたもので、「内面的」文化だといえます。それは変化し消えて行くものかもしれませんが、そのような世界観は日本やヨーロッパ、アジアの各地でそれぞれの自然環境のなかで生み出され、歴史を重ねて人々のあいだに受け継がれてきたものです。このようなものはことばと同じように、地域によってまた民族によって異なります。

私たちが各地の年中行事を分析し比較したりするのは、それを通して文化の個性や歴史や、あるいは文化を担った民族の移動の歴史を解き明かしたりする可能性があるからです。昔から行なわれてきた祭りや行事がしだいに衰え、あるいは形骸化してゆくのは、ある意味では必然的なことかもしれません。いまは、祭りを支えてきた思考の様式、「ものの考え方」が激変する時代です。とくに若い世代が少なくなった島や山村では、祭り、行事を動かす組織そのものが消えつつあるのです。

一方、失われようとしていた祭りが再生することもあります。島を出て都会に出た若者たちが、都会で自分を失いそうになったようなとき、自分が自分であること、他の者と違うことの証明として何があるのか迷うようなことも多いでしょう。そのとき、その原点である自分を育てた島の文化を確かめたいという欲求が出てくると、東京から故郷に帰ってきた青年から聞いたことがあります。前に述べた、一日中方言で友人と会話をする、というのも、同じことかもしれません。

祖納のシツィは、祭りに参加するために都会から戻ってきた若者が参加して、いまもきちんと行なわれています。シツィとは「節」のことで、前述のような生活の節目を意味します。すなわち一年のうちで大きな節目、年の変わり目のことです。「節」と呼ばれる年中行事は、琉球列島のところどころに見られ、奄美大島の「アラセツ」（新節）、宮古島の「スツ」、多良間島の「スツウプナカ」、石垣島川平の「シッィ」、西表島の「干立」（ほしたて）や「シッィ」など、いずれもそれぞれの集落にとって重要で大きな祭りになっています。沖縄本島のシチビ（節日）は、前にも言いましたように、ウイミ（折り目）と同じく、行事とか祭り一般をさすことばです。

西表島祖納のシッィ

祖納のシッィは旧暦八月と九月の己亥（つちのと、い）、庚子（かのえ、ね）、辛丑（かのと、うし）の三日間行なわれます。最初の日はトゥシィヌユー（年の夜。大晦日《おおみそか》のこと）、二日目はショウニッィ（正日）、三日目はトゥドゥミ（止め、留め）とよばれます。大晦日を意味する日があるように、これは年の変わり目、正月を迎える行事です。ただし私たちが日頃使っている暦とはまったく異なる一年の周期のとらえ方による正月です。

その周期は、おそらく人々の生活を支えている主要作物、米、麦、粟《アワ》などの種蒔《たねま》きが始まる頃から、その収穫の頃までを一つのサイクル、周期とみてのもので、収穫が終わったときから、次の種蒔きの時期までの間に、「年の変わり目」があるのです。節とは、竹の節目のように、種蒔きから収穫までの期間の区切りであり、また境目です。さて、祖納のシッィはどのような祭りでしょうか。私も何年か前にこの祭りを観察することができました。三日間の祭りを見てみましょう。

【トゥシィヌユー】

集落では祭りが行なわれる拝所の掃除、翌日の重要な儀礼である舟漕ぎ競争に使う舟の手入れなどをする。各家庭ではシツィカッツァ（節葛）を柱や箪笥《たんす》、冷蔵庫など家財道具に巻き付ける。そして浜から採ってきたサンゴ礁《しょう》の白い欠片の混じった砂利《じゃり》を家の各部屋に撒《ま》いて祓いをする。本土の「節分」の豆まきと同じ意味をもつ。その後、家族そろって「節の振舞い」という食事をとる。

【ショウニツィ】

早朝若水《わかみず》を汲み、身体を浄《きよ》めてから、集落の公民館に集まる。男性の組と女性の組に分かれ「旗頭」と呼ぶ二本の幟《のぼり》を先頭に浜に向かう。女性の組はミルク（弥勒《みろく》）神という豊饒を予祝《よしゅく》する仮面神を先頭に、「ミルク節《ぶし》」という歌を歌い、鼓《つづみ》を打ちながら、男性組の後から浜に向かう。浜辺に近い集落の前泊《まえどまり》ウタキ（御嶽、八重山ではオンと呼ばれる拝所）に「ツカサ」と呼ばれる女性の司祭の主導で二人の舟頭が祈りを捧げる。そのあと、舟漕ぎに参加する二艘《そう》の乗り手たちが「櫂《かい》踊り」を披露して舟に乗り込む。

二艘の舟はすぐに競漕《きょうそう》にはいるのではなく、沖合のスタートラインを往復しながら神歌《かみうた》を歌いながらゆっくりと漕ぐ。そして沖合から一気に浜をめざして力いっぱい漕いでくる。浜では女性たちが手招きをするような動作を繰りかえしながら声援を送る。浜に近付いて来た舟から櫂を持った乗り手が一人飛び降り、水際から必死に観客席の下まで駈けて来る。そして着順に櫂にまたがるかっこうで口上《こうじょう》を述べる。

観客席の中央にはミルク神を主賓《しゅひん》に、傍らにツカサ以下神役たちが並んでいる。ミルク神の前には豊饒の象徴として稲穂や芋など農作物を入れた籠が供えられている。舟漕ぎ競漕の興奮がおさまった浜辺では、獅子舞など芸能が披露される。ミルク神はシマ（集落）に豊饒を予祝する踊りを行なう。

舟漕ぎや奉納の芸能など浜辺での行事が済むと、ミルク神を先頭に集落の中を鼓などを打ちながら集会所まで帰ってくる。集落に豊饒を呼び寄せ、それを迎える祭りの終わりである。

【トゥドゥミ】

集落の人々の命を支える井戸、ウフヒラカー（大平井戸《カー》）への感謝を表す儀礼と奉納の踊りを行なう。

中国からの伝来した爬龍船系の舟漕ぎ儀礼とは異なるものとして、祖納のシツィ行事の舟漕ぎ儀礼を、行事全体のなかで見てきましたが、これと同系統と思われる行事は、同じ八重山の黒島《くろしま》にも見られます。この舟漕ぎがシツィという年の境目に行なわれる行事であること、沖から漕ぎ寄せるのは、海の彼方のニライ・カナイという神々の世界から、ユーを持ち込むという意味を含んでいることに注目したいと思います。沖から漕ぎ寄せる舟のなかには櫂の飛沫《しぶき》など入りますが、それをユーをしめすものとして汲み出さないといわれています。沖からユーを持ってくる舟を人々が歓喜して迎えるのは、そういう観念の表れでしょう。シツィが年の変わり目、正月にあたる行事であることは、若水を汲んだり、浜の砂利で家のなかを祓うことにそれがうかがえます。

私たちが現在使っている暦、太陽暦とも太陰暦とも異なる暦による年の変わり目が、シツィ（節）なのです。

独特な暦

私たちが現在使っている太陽暦、そして太陰暦（月の満ち欠けを基準にした旧暦）は、世界的規模で用いられて、多くの人々がそれによって動き、生活のリズムをつくりだしています。そのような地球規模のカレンダーが使われる前は、それぞれの地域で周囲の自然の動きにあわせた日の数え方（暦の意味は日をよむ、数えること）があったのです。

自然の動きで一定の周期で変わるものといえば、日の出の方向や月の満ち欠けがあります。太陽が昇る方角は冬至《とうじ》のときいちばん南にずれます。沖縄の久米島の比屋定《ひやじょう》という集落に太陽石（ティーダイシ）と呼ばれる石があり、昔、堂之大親（ドウヌウフヤ）という人物が、石に両ひじをついて頭を固定し、太陽の昇る方角を観察し、村人たちに作物の種蒔きや収穫の時期を教えたといいます。月の満ち欠けも自然の大きなリズムです。とくに海の干満は月と密接につながっています。海で仕事をする人（ウミンチュ）にとって、月の動きは出漁時間の判断に重要なカギとなります。珊瑚の産卵は満月の夜に一斉に起こります。そのような月と海との関わりを知るウミンチュは、旧暦をいまでも大事にしています。爬龍船は旧暦による行事です。私の祖父も父も漁師でした。いまも健在の母親は、新暦（太陽暦）と旧暦（太陰暦）をうまく使いわけて、家の祭りは旧暦にしたがっています。

沖縄では海の満ち潮を吉兆《きっちょう》とむすびつけ、祝いごとの進行などは潮の干満をみて考えられます。たとえば結婚式のとき花嫁を迎えに花婿《はなむこ》の一行が家を出る時期は、潮が満ち始めるころがいいとされます。そのような自然の動きを敏感に感じとり、それにあわせて生活をする、そのような自然と一体になった暮らしは、昔はふつうのことでしたが、私たちの日常生活から消えていきつつあります。

西表島祖納のシツィが、太陽暦とも、陰暦ともいえない、おそらく稲の播種から収穫までの期間にもとづく年の境目を祝うものであるということは、前にも述べました。

宮古の多良間島では、稲ではなく粟が主要作物で、粟の収穫が終わり、次の粟の種蒔きの時期の間、旧暦六月にスツウプナカ（節まつり）を行ないます。そのスツウプナカでも、若水にあたるスディ水（スディとは脱皮、生まれかわりといった再生を表す語）を浴びる習慣があり、祭りの祭場で歌われ、明くる年の神役に「神酒《みき》を干して世が代わるのだ」と呼び掛ける歌詞があります。祖納と宮古の多良間とでは、年の変わり目の時期が異なるのです。このように島あるいはシマ（集落）によって「節」が異なるのも、島嶼文化の特徴かもしれません。

ウンガミとニライ・カナイ

以上に琉球列島の宮古・八重山地域に「節」と呼ばれる、年の変わり目を表す祭りがあり、集落によってその祭りが海の彼方から豊饒をもたらす儀礼として舟漕ぎ行事をともなっていることの事例を紹介しましたが、沖縄本島地域にも、爬龍船の系統とは異なる舟漕ぎ行事があります。それは、沖縄本島地域で行なわれている「海神《かいしん》」（沖縄のことばでウンガミあるいはウンジャミ。ここではウンガミに統一します）とよぶ行事です。この祭りは本島北部を中心に分布していますが、八重山のシツィと同じように、舟漕ぎをともなっているかどうか、については、地域によって差があります。

ウンガミの祭りは、沖縄本島国頭《くにがみ》郡大宜味《おおぎみ》村《そん》の塩屋《しおや》湾を囲む数カ所の村落が連合で行なう「塩屋の海神」が、規模も大きく、民俗行事としてよく知られています。祭りの時期は、七月の旧盆がすぎて最初の亥の日から始まります。周辺の集落のウンガミも同じ期日に行なわれるので、それらすべてのウンガミを見るには数年かかるといわれています。数カ所の祭りを比較しながら見ていくと、ウンガミがどのような信仰的要素からなっているかが見えてきます。そのいくつかを見てみましょう。

まず、ひとくちで言えば、ウンガミとは琉球列島に共通してみられる「ニライ・カナイからの神をお迎えして、もてなしたあと再びニライ・カナイにお送りする」という祭りです。塩屋湾の西の海に浮かぶ古宇利《こうり》島でも同じ日にウンガミが行なわれますが、その祭りの日、古宇利島の海辺に「海神遊」と書いた幟旗《のぼりばた》がたててあったのを見ました。

「遊」（アシビ）は、沖縄のことばで「祭り」の意味のほかに、みないっしょになっての交流、「まじわり」も意味します。ウンガミはまさに神々の交流であり、神と人、そして人と人の交流の祭りといえます。海の彼方からやってきた神は、陸上の山の神々と交流し、人々に海の幸や山の幸をもたらし去っていく。その神々の交流を、人間である集落の女性神役たちが歌や踊りなどの所作で表現したり、神々を迎えもてなす役割をも演じるのです。

第二次世界大戦前の民俗調査の記録によれば、大宜味湾謝名城《じゃなぐしく》のウンガミで、女性神役たちが歌う神歌に「ニライ・カナイからいらっしゃって、遊びを習い、踊りを習ったが、（きゅうくつな）シマ（集落）ではなかなか遊べない、遊び足りない、踊り足りない」という、神々の意志とも女性神役の心ともとれる内容の歌（おもろ）があったようです。また、祭りの最後の神々との別れを歌ったと思われる、「集落の祭りを統括する女性司祭ノロが、太陽の絵を描いた鞍《くら》、百足《むかで》を描いた鐙《あぶみ》をつけた馬に乗り、ニライ・カナイの神はジャン（ジュゴン）の轡《くつわ》を取る」という意味の歌を歌ったといいます。ニライ・カナイからの神がジュゴンの背に乗って去って行くという心象《しんしょう》風景を描くこの神歌は、まさにウンガミの祭りの意味が集約された神歌です。今日このような歌が伝承され残っているかわかりませんが、十数年前、私がこの謝名城のウンガミを観察したときには、ニライ・カナイの神を送る儀礼として、小高い所で女性神役が手を高く上げて神を見送る所作をしていました。かつては海まで見送ったそうです。

この神を送る儀礼が、塩屋のウンガミでは、舟漕ぎの様式をとっているのです。祭りの最後の日、女性神役を乗せた一艘を含む三艘の舟が、塩屋湾を東から西へ横断します。そのとき、到着点となる塩屋の浜辺には、それぞれの集落の人たちが胸まで潮に浸かって、漕ぎ寄せる舟を迎えます。ちょうど祖納のシツィで、沖から漕ぎ寄せる舟を招き呼ぶように応援する姿に似ています。これは西から東へ移動するニライ・カナイの神を迎える表現ともとれます。

沖から、あるいは対岸から漕ぎ寄せる舟を歓喜して迎える人々のようすは、豊饒をもたらす神を迎える心の表現として印象に残りますが、琉球王国時代、那覇の港で行なわれた爬龍船競漕では、そういう人々の姿は見られたのでしょうか。

那覇とともに爬龍船行事で知られる糸満では、漕いでくる爬龍船を歓喜して迎える情景がありました。糸満は先に述べたように独自の爬龍船伝来の伝承があり、その競漕の様式も那覇のものと異なるものがあります。ハーレーという糸満独特の呼び名も、その独自性を表す糸満の人の気概を示すものでしょう。現在は糸満の「港内」ですべての競漕が行なわれていますが、一九四七年から一九五五年まで糸満に住んでいた私の記憶しているハーレー競漕のクライマックスは、はるか西の沖合まで漕いで行き、そこから一気に漕ぎ寄せてくる競技、アガイバーレー（上がりの爬龍船）でした。米粒ほどにしか見えなくなったハーレー船が漕ぎ寄せて来るのを、三艘の舟を出した区域の人々がゴール近くの海に胸まで浸かって鼓を打ち、手招きをして応援していたものです。その人たちは女性のほうが多かったと記憶しています。アガイバーレーの漕ぎ手たちは着順に、糸満の祭りで最高の地位にあるノロの屋敷で祝杯をもらう儀式に参列しました。ハーレーの漕ぎ手たちの海水で濡れた衣裳は、「シリギン」（スディギヌ）といって、吉兆を示すものだと考えられたそうで、シリ（スディル）には「脱皮・再生」の意味があり、中国その他の地域の龍舟行事との比較でとても興味深いものです。

香港、大澳の舟漕ぎ行事

このように、琉球列島には比較的近い時代に大陸から移入された爬龍船と、より土着的な世界観、神観念に支えられた舟漕ぎ、ふたつのタイプの舟漕ぎがあることがわかりました。沖縄の爬龍船行事を世界的視野からどう理解するかについて、馬淵東一さんは、この大陸からの爬龍船行事を「公式主義的」ととらえ、祖納のシツィや塩屋のウンガミの舟漕ぎ行事と分けて考察すべきだと指摘されました。「公式主義的」とは、屈原の入水にまつわる話を爬龍船の起源とするという考えが、漢民族文化の広がりとともにアジアの各所に見られる、ということをさすのでしょう。

それでは、中国大陸の船漕ぎ行事はどのように行なわれるのでしょうか。沖縄で爬龍船と呼ぶ船は大陸では「龍舟《りゅうしゅう》」という呼び方が一般的で、福建省から渡来した人が多い台湾では扒龍船（ペイロンツン）と呼ばれているようです。長崎のペーロンは、その系統の呼び方です。中国で私が見た龍船競技は、香港、貴州省のメオ、雲南省シーサンパンナの傣《タイ》の人たちのものでした。それらと沖縄の爬龍船との違いや共通点は何でしょうか。

ここで紹介するのは一九八〇年と一九八一年に香港九竜半島の南西部にあるランタオ島の大澳《だいおう》という漁村で観察した龍舟祭です。大澳は、その名ともなった地先の島とのあいだにある運河の両側に、漁業を主な生計手段とする水上居住民の「杭上家屋」がならぶ街です。陸上には商店街があり、かつては大きな塩田が近くにあって、塩漬けの魚を海外に輸出していたということです。

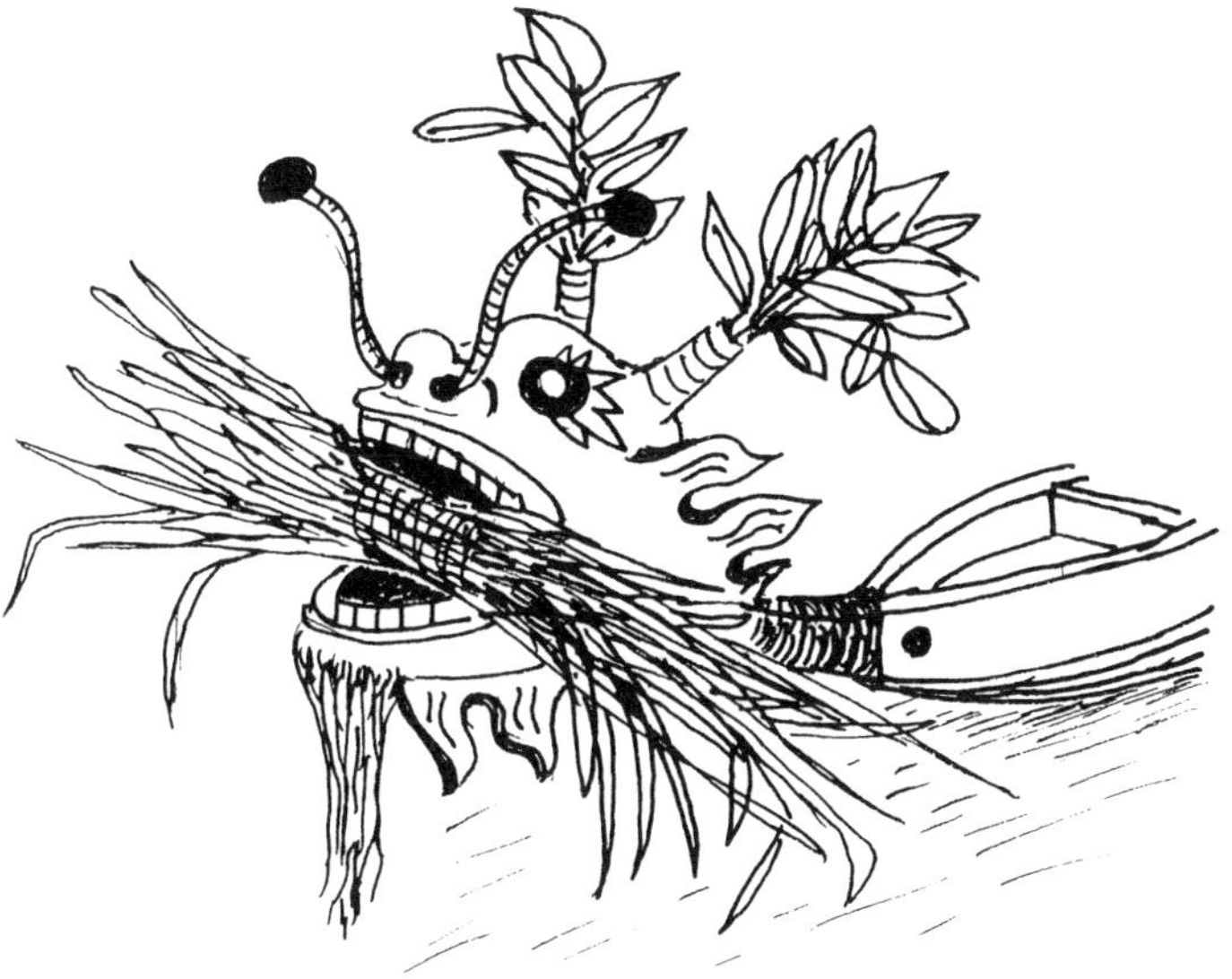

龍舟の龍頭　口に葉をくわえている

大澳の漁民にはエビを専門に獲る集団や網漁をする集団など、漁法や漁獲の対象によって仲間が集ういくつかの〝漁業協同組織〟があって、それらが毎年交替で龍舟行事の運営をしていました。その集団には「合作堂」（ハップゾックトン）とか「扒挺行」（パーテンハン）といった名前があり、毎年の総会で漁獲高を競い、一位になったものが翌年の龍舟祭の中心となる役割を演ずるということでした。

各集団はそれぞれ龍舟を所有し、祭りのとき以外は別々の格納庫に保管してありました。龍舟祭が近づくと格納庫から竜船を出し、汚れなどを落としたあと、龍舟を「再生」させる儀礼を行ないます。その儀礼は「採青」（ツォイチン）といい、ススキの葉を龍舟の先にある龍頭の口に噛《か》ませるのです。格納庫のなかに眠っていた龍を再生させ活気をあたえる意味の儀礼なのでしょう。なお、新しく造った龍舟には、生命を与えるために、龍頭の目を描き入れる儀礼を行ないます。まさに「画龍天睛《がりようてんせい》」の儀礼です（一三二ページ図参照）。

大澳の龍舟競技は、すぐに競漕が始まるのではなく、まず、その年の祭りの「頭《かしら》」にきまった集団の龍舟が神々の祭壇を乗せた「御座船《ござせん》」のようなものを牽《ひ》いて、人々の信仰を集めている洪聖廟《こうせいびよう》、関帝廟、天后廟《てんこう》、侯王廟《こうおう》を巡回します。そして各廟の祭神の像を御座船に招き入れ、その祭壇に安置するのです。御座船を牽いた竜船が大澳の各運河を巡行すると、両岸の杭上家屋の人たちは線香を持って、御座船の神像に礼拝をします。運河の巡行をすませた神像は、頭の家の運河に面した場所に安置されます。

競漕の前のこのような儀礼は、沖縄の爬龍船行事にも、祈願の対象こそ違うものの似たものがあります。糸満のハーレーでは、行事の初めに行なわれるのは、糸満の「氏神」である白銀堂に祈願のために参詣する「ウグァンバーレー」です。

龍舟の競漕は、運河を出た入江で行われ、先に述べた合作堂とか扒挺行などの漁業協同組織の対抗だけでなく、地域対抗などさまざまな集団が出場し、競漕は昼すぎまで続きます。

香港や大澳の龍舟行事は、単に船の速さを競う競漕ではなく、さまざまな信仰上の儀礼を包み込んだ複合的な宗教行事だといえます。その儀礼のいくつかを見てみましょう。

龍舟行事の最後の日、龍舟は小舟を牽いて運河から沖に出る港の出口まで行き、小舟から、死者を弔う紙銭、箪笥やテレビなどの日用品をかたどった紙を水面に撒《ま》き、線香を上げます。それは海で死んだ人への供養であるということです。

行事がすんで二、三日後、二、三艘組んだ龍舟が、周辺の海辺に面した農村を訪れます。すこし遠い村に行くには、漁船に牽いてもらうのです。私はその龍舟の漕ぎ手に頼んで連れていってもらいました。訪ねる村が近くなると、漁船は汽笛を鳴らして、龍舟が来たことを村の人たちに知らせます。あるいは前もって訪ねる時刻を知らせてあるのかもしれません。村に近づくと、浜辺に赤い幟旗が立ててあるのが見えます。この赤い幟旗は「標」（ピャウ）と呼ばれ、龍舟の漕ぎ手たちへの贈り物あるいは勝者への賞品を表すものだといいます。その標を目指して、龍舟は力いっぱい漕ぐのです。そのあと私たちは上陸して村のなかに入り、飲み物やお菓子などの接待を受けました。村人にとっては、訪れる龍舟は幸の象徴なのでしょう。私は祖納のシツィ祭りの、沖から村目指して漕ぎよせる儀礼を思い出しました。

また、ランタウ島の別のところでは、岸に多くの赤い標が立ち並び、沖から三艘の龍舟が岸めざして漕ぎ競い、勝者にその標を与えるというレースが何度も行なわれていて、その標には現金が縫い込まれていたり、副賞にビールなどが付いていることもありました。これらの標は、陸地の商店からの提供でした。君島さんによれば、浜辺に立てられるのは「停標」、水面に浮いているのは「浮標」と呼ばれ、いずれも龍舟の乗り手たちが先を争ってそれを奪うので、その競い合いは「奪標」と呼ばれているということです。

これまで見てきたように、爬龍船行事と龍舟祭が起源を同じくすることは、沖縄の史料によっても明らかですが、シツィ、ウンガミの舟漕ぎと香港の龍舟にも儀礼的な意味でつながるものを感じます。中国の龍舟にはどういう意味があるのでしょうか。台湾の黄麗雲《おうれいうん》さんは龍舟競漕の意味を次のように分析しています。

龍舟競漕の意味

龍舟競漕の祭りとしての意味については、(1)雨乞い、(2)豊作祈願、(3)水の神の祭り、(4)水死者の鎮魂《ちんこん》、(5)災厄を祓う、(6)屈原を救う、の六つの祭祀的意味があるとし、龍舟によって象徴される龍のもつ呪力《じゆりよく》について、(1)雨をもたらすこと、(2)多産をもたらすこと、(3)水を司ること、(4)水の世界の主として水死者を司ること、(5)海龍王として災厄を祓うこと、(6)河川を氾濫《はんらん》させること、をあげています。これらの祭祀的意味を、琉球列島の爬龍船行事、舟漕ぎ儀礼の意味と一つ一つ比べてみましょう。

(1)雨乞い

一七四五年に編纂された史書『球陽』に、雨乞いのため首里王城の麓《ふもと》にある龍潭池に爬龍船を浮かべたという記録があります。龍もしくは蛇を表すつる草をささげ持って入江を横断する雨乞いの儀礼が八重山にあり、また、多良間の究極の雨乞い儀礼としての「綱引き」の綱は龍を象徴すると思われます。しかし、沖縄の諺《ことわざ》に「爬龍船の鉦《かね》が鳴ると雨が上がる（梅雨が明ける）」というものがあり、爬龍船と雨乞いとは、現在の民俗としては結びついていません。

(2)豊作祈願

糸満のハーレー歌にユガフ（吉き果報、豊饒、幸）を祈る歌唱があり、五穀豊穣、豊漁を願う祭りであることは確かです。また、爬龍船行事の土着的基盤として、ウンガミ、シツィなどの農耕儀礼があるとすれば、それが本来の意味でしょう。

(3)水神祭

龍もしくは蛇が水を司るという観念は、(1)の雨乞いにも見られるものですが、水に関わる行事として、沖縄本島西原町に、龍もしくは蛇を表すわら綱を子供たちが持って村の水源を幾度か巡回する儀礼があります。沖縄の爬龍船、舟漕ぎ儀礼は、水神との関わりよりも、海の彼方の神々の世界であるニライ・カナイからユー（豊饒）を呼び込むという信仰と深くむすびついています。

(4)水死者の鎮魂

香港・大澳の龍舟祭の最後に行なわれる紙銭などを水面に撒く行為は、死者供養であることは明らかです。先に『琉球国由来記』の爬龍船の琉球国での由来にまつわる、長浜大夫という人物のために白帷子を着て漕ぐという記述に注目しましたが、白帷子は死者のための装束です。長浜大夫が水死したのかどうか不明ですが、死者のための衣裳というのはとても興味深いもので、爬龍船行事の一部に死者供養のための爬龍船漕ぎがあったことはまちがいないでしょう。糸満では、五月四日のハーレー行事が終わったあと、夕方になると、海で夫や兄弟を亡くした人の家族が海辺に出て、供養の線香とお酒を供えています。その水死者供養の儀礼は、糸満の近くの名城でもハーレーの日の夕方行なわれ、死者の魂の印として小石を持って行くといいます。また、糸満ではハーレーの翌日、五月五日はグソーバーレー（後生《ごしょう》、すなわちあの世のハーレー）と呼ばれ、海で死んだ祖先が爬龍船を漕ぐ日として、漁に出るのを控えます。

(5)厄を除き災いを祓う

現在那覇や糸満で行なわれている爬龍船行事には、ユガフをもたらす意味があるので、厄払いとは直接結びつかないようです。しかし、『球陽』巻一の「龍舟競度の説」には、那覇周辺の集落から爬龍船が出て、四月二八日から五月四日まで、那覇港の入江、漫湖《まんこ》や西の海などで競漕を繰り返していたという記述があります。四月二八日頃は、沖縄ではアブシバレー（畦払《あぜばら》い）という害虫駆除、厄祓いの行事が行なわれます。爬龍船が中国から伝来したころは、そのような厄祓いともっと深く結びついていたかもしれません。

(6)屈原を救う

「救う」というのは魂を救う、つまり鎮魂の意味でしょうが、悲劇の詩人屈原に代表される英雄的人物の鎮魂儀礼として見ると、沖縄の長浜大夫、また塩の貴重なことを王に諭《さと》した人物も「英雄」の範疇《はんちゅう》にはいるでしょう。でも「英雄」屈原と結びつける起源説は、馬淵さんのいう「公式主義的」なもので、中国や東南アジア各地には独自の起源話があると思います。

儀礼の本質

以上のように、那覇のハーリーや糸満のハーレーは、中国伝来という起源を裏づける信仰・祭祀上の意味の共通性や対応が見られました。これが、首里王府の史書などに表れた公的な交流が確立して後の文化の移入であれば、このくらいの類似、共通性はあたりまえのことかもしれません。

しかし、これらを稲作を中心とする農耕文化の祭祀の要素として見るならば、十四、五世紀という比較的近い過去からの国家交流や、さらには大陸の王朝と島嶼国の王国との国家間の外交に沿った文化の流れだけを考えるのでは不十分です。そのような公式な外交だけでなく、広東、福建、浙江など大陸の沿岸地域に住んでいた一般の海人、海に生活の基盤をもっていた人々が、東シナ海を自分たちの道として自由に往来していたはずです。そのような文化の流れ、交流を予想するとき、日本列島の南、琉球列島と大陸との文化は、さらに深い底流のところでつながっていたと考えることができるのです。

そうすると今度は逆に、「琉球列島の民俗文化の要素を比較の指標にして大陸の文化を見る」ことによって、両者に底流でつながるものを新たに発見する可能性が期待できそうです。というのは、中国の雲南、貴州などの龍舟競技を見ていると、その儀礼のなかに、琉球列島の民俗に見出される世界観に共通するのではないか、と解釈できそうな要素に気づくことがあるからです。そのことについて、いくつか事例をあげて考えてみましょう。

中国の龍舟、琉球列島の爬龍船、また八重山のシツィや沖縄本島北部のウンガミの舟漕ぎ儀礼にしても、船の速さを競う「ボートレース」の部分は、行事のなかで華やかなものとして目立つのは当然です。しかし、競漕の前後にある儀礼のほうが行事の「本質」を示していると思います。つまり、香港においては地域の人々や特定の生業に従事している人々の信仰を集めている廟の祭神の送迎と祈願、那覇や糸満では町や地域の「氏神」的な拝所ウタキへの祈願、西表島祖納のシツィや沖縄本島塩屋のウンガミではこの祭りをささえている集落ごとの祭場での神迎えの儀礼が、それぞれ舟漕ぎの行なわれる前の重要な要素となっているのであって、それを終えないと競漕は行なうことができないのです。

香港の場合は、招いた各廟の祭神に「競漕を見ていただこう」という考えがあるようです。そのほかにも、香港では廟の祭神を招いて芸能などを見てもらう祭りや行事があります。前にも述べた関羽を祀る関帝廟は、とくに商業を営む人の信仰を集めていますが、「関帝誕《かんていたん》」とよばれる祭りには、臨時に大きな演芸場を造り、客席の後の一段上がった、舞台がよく見える場所に関羽の像をお迎えして、粤劇《えつげき》（広東歌劇）などを見ていただくというのが、大きなイベントになります。そのほか侯王誕や天后誕などがあり、それは日本の神社や氏神への奉納舞踊とあい通ずるものと思います。

糸満のハーレーは、競漕が始まる前に、町を見下ろす山巓毛《サンテインモウ》という丘で町の祭祀行事を司る神役たちの祈願があり、それがすむと競漕のスタートの旗がふられます。那覇の爬龍船は、現在新しくできた港で観光行事として行なわれており、信仰と結びついたセレモニーはないようです。記録によれば、かつては旧那覇港の奥にあった城址の拝所への参詣がありました。

今まで述べた、ウンガミやシツィの漕ぎ寄せてくる舟を、豊穣を運んでくる神もしくはその使いとして、村人たちがよろこんでそれを迎えるという光景や、香港の龍舟が、訪れた近くの農村で標をもらうこと、これらはいずれも、海のかなたからやってくる幸への期待であり、崇拝であると思います。龍舟が近くの村を訪れることは、その村人たちにとっても待ち望むことであるようです。このように村々を回ることを「游龍」（ヤオロン）といい、龍舟行事の重要な儀礼的要素だと考えると、中国貴州省に住むメオの人々の龍舟行事のことが頭に浮かんできました。

メオの舟漕ぎ行事

私は龍舟行事にも詳しい君島さんをはじめ二、三人の人たちと、貴州省の首府貴陽《きよう》市から東南に一二〇キロばかり離れた凱里《がいり》という地域に行きました。その近くを流れる清水江《せいすいこう》はその名のとおりきれいな水の川で、中国では黄河や揚子江や閩江のような黄色く濁っている河川しか見たことのない私にとっては、これは初めての体験でした。この清水江の沿岸には多くのメオの人たちの村があり、その川で毎年五月の下旬頃、龍舟を漕ぐ祭りをやっていると聞いたのです。

祭りの二、三日前、清水江を小さな舟でさかのぼりました。ところどころ流れが速いところがありましたが、全体にはゆったりとした流れの川です。上流に帆をつけた船が川をさかのぼっていくのが見えます。流れがゆるいから帆走だけで川をのぼって行けるのかと思いつつ近づいてみると、岸に三、四人の人がいて、船を曳《ひ》いていました。中学生のころ学んだ「南船北馬《なんせんほくば》」ということばを思い出しました。中国南部は船で河川や運河を利用する交通手段が発達し、北部では陸地を馬で行くことが多いということを示すことばです。

両岸には菜《な》の花の畑が見え、いくつかのメオの集落もあります。よく見ると各集落に龍舟を収める長い屋根の建物があって、その下の川には〝化粧〟を施した龍舟が浮かんでいました。祭りの準備も進んでいるようです。

この清水江の龍舟節の由来話は、屈原の入水説とは異なり、次のようなものです。

遠い昔、清水江に棲《す》む龍に妻や子供を殺された男が、その仇《かたき》をうつために、川底深く潜って行き、悪戦苦闘のすえ、龍を退治し、その胴体をいくつかに切り裂いた。ばらばらにされた龍の体は、流域のメオの村々に流れ着いた。その龍を弔うために、それぞれの村から龍舟を出すようになり、ある村は青い龍ある村は紅い龍というふうに、色の異なる龍船を出すようになった。

メオの人々の龍舟祭りは「雨乞い」と結びついており、私たちが訪れた前の年は雨が少なかったので三〇艘あまりの舟が出たといいます。清水江の龍舟は、一本の大きな杉の樹をくりぬき、その両側に、それより短い杉の樹を舟の安定のためにつけた形をしており、船首の長い首をもった龍頭には、牛の角状のものがついています。漕ぎ手は二〇人から三〇人ほどで、立って漕ぐのが特徴的です。一艘の龍舟には、漕ぎ手のほかに「鼓頭《ことう》」と呼ばれる、鼓を持ち舟を代表する人物が舳先《へさき》近くにすわり、その鼓頭と向かい合うように銅鑼《どら》を叩《たた》く少年がすわります。そのほかに、火縄銃のような道具で爆竹をならす役割の男が乗っています。

青い龍舟を出す村で、川に下ろした龍舟に祈りを捧げる儀礼を見ることができました。祈禱師《きとうし》が龍舟の前の河原に四角い卓で祭壇を作り、祭壇の上には枡《ます》のようなものに盛った米と酒が供えられ、ススキの葉をつけた棒が祭壇の側に立ててあります。祈禱師はメオ語で祈りを捧げ、供えた酒が龍舟の口に注がれます。生きた鶏を龍頭の上を越すように投げたあと、鶏を供犠《きょうぎ》とし、その血と羽が右に立てられた棒に付けられます。祈禱師の祈りには、山にいる祖先の霊に、龍舟祭においでくださるようにと呼び掛けることばも含まれているということです。

この鶏の血を用いるのは、祓《はら》い浄《きよ》める意味の儀礼であり、香港の龍舟祭でも見られるものです。香港の人々は「掛紅」（グヮホン）とよばれる儀礼であると説明してくれました。このような浄祓の儀礼は道教《どうきょう》にかかわるものといわれ、沖縄の爬龍船行事の儀礼にはありません。なんらかの理由で、この習慣は沖縄には受けいれられなかったのでしょう。鶏以外の動物の血で厄を祓う儀礼は別の行事で見られるのですが。

この清水江の龍舟祭で私の関心をひいたのは、競漕を行なう前に龍舟が流域の村々を訪ね、お米や家鴨《アヒル》、豚や山羊などの贈り物をもらうことです。龍舟が岸の近くを通ると、村人は爆竹を鳴らします。それを聞いて龍舟は岸に漕ぎ寄せて来て、村人たちが漕ぎ手たちに酒をふるまい、また家鴨などといっしょに優勝のペナントのような赤い旗を贈ります。この赤い旗は香港での「標」にあたるものかと思います。つまり、村人にとって龍舟は「幸の象徴」なのでしょう。

君島さんは、この清水江の龍舟祭について、中国の史料や中国の研究者の報告をもとにしながら儀礼の内容を紹介しています。それによると龍舟の代表人物としての鼓頭の役割は重要で、祭りの期間中、鼓頭の家は、さまざまなタブーをまもりながら、漕ぎ手のために毎日糯米《もちごめ》のご飯を準備し、また酒と鶏、家鴨の肉なども昼の食事に用意し、さらに近隣からやってくる親族や知人のための酒食も提供しなければならないのです。そのかわり、鼓頭のところには親族が岸辺にやって来て贈り物をします。その贈り物は鶏や鵞鳥《ガチョウ》、豚、山羊などで、金持ちの親族からはときには牛や馬なども贈られたといいます。これは鼓頭の権威を示すもので、贈られた家鴨や鶏は、龍舟の先の龍頭の角や首の部分に吊り下げられるのです。祭りが終わった後も、親族のために豚を殺し酒食を準備しなければなりません。鼓頭としての権威に対していろいろな贈り物があるのですが、そのかわり出費も大きいのです。鼓頭は毎年、回り持ちで選ばれます。

私たちが清水江で見た、村人たちが龍舟に贈り物をしていたのは、鼓頭のためだったのです。贈り物をもらった龍舟は、それらを舟に乗せ、鼓と銅鑼と爆竹を鳴らしながら、親族、知人が待っている次の場所へ漕いでいきました。

この鼓頭の役割のことを知り、私は中学生のころ糸満のハーレーで見聞きしたことを思い出しました。現在、糸満のハーレーに使う舟は糸満市が祭り専用に造ったものですが、私の少年時代には、ハーレーの競漕に参加する舟は、日常の漁業に使っているものを選んで参加させました。糸満のハーレーは南村、中村、北村《にし》の三地域に分かれて競漕します。一九五〇年代までは、それぞれの地域でその舟（サバニとよぶ木製の小舟）を集め、それぞれの地域の海で予選を行ない、速い舟を二、三艘選びます。さらにそのなかで一番速い舟をハーレー競漕の最も重要な儀礼であるアガイバーレー（前述）に使います。

ハーレーで各地域の代表に選ばれた舟の持ち主は、選ばれたことを栄誉なこととし、その家はハーレーヤー（ハーレーの家）として皆から祝福されます。漕ぎ手を含め、祝いに来る親戚や知人のために酒食も準備しなければならず、また選ばれた舟は一度に大勢の漕ぎ手が乗り込んで漕ぐと、舟体が左右に裂かれるようにたわむので、補強するなどの手入れも必要で、出費もかさみますが、家の栄えるカリー（嘉例《かれい》、吉兆《きつちよう》）なこと、豊漁につながる佳《よ》きこととして祝福され、よろこぶのです。このように、糸満のハーレーヤーは、清水江の鼓頭の役割、栄誉とあい通ずるものをもっていたと思います。

清水江の龍舟は雨乞いにむすびつき、沖縄の爬龍船はユーへの期待を表わしていて、いずれも穀物の稔りを祈る農耕儀礼ですが、次に雲南省の傣（タイあるいはダイ）族自治区のシーサンパンナ（漢字田《たん》圃《ぼ》で西双版納の字をあてますが、彼らのことばでは、「シプソンパンナ」、つまり一万二〇〇〇、たくさんの田圃の意味で、水田耕作に恵まれた地域です）の傣の人たちの龍舟祭を見てみましょう。

傣の舟漕ぎ行事とスディ水

雲南省の省都昆明《こんめい》から約四〇〇キロ南西の景洪《けいこう》は、傣族自治区の中心です。街のすぐ近くを、東南アジア大陸を縦断する大河メコンの上流、瀾滄江《らんそうこう》が流れています。傣の人たちの龍舟競技は四月一三日、傣の正月にこの河で行なわれます。四月一三日は傣の正月です。傣の暦ではそのころが年の変わり目で、雨季の始まるころです。八重山のシツィと同じように、ここにも太陽暦でも太陰暦でもない、農耕のリズムに合わせた年の境目の考え方があるのです。年の変わり目に舟漕ぎが行なわれるのはシツィと同じですが、シツィは雨乞いとも龍のイメージともつながるものではありません。

清水江でのメオの龍舟競漕は河の流れに乗って上流から下流へ漕ぎましたが、ここでは、河の流域の村から参加した龍舟は、景洪の対岸から広い河幅を横切って漕ぎ渡ります。河幅二〇〇メートルは優にある、流れも力強い大河を漕ぎ渡るのは大変で、舟は流れに押されて河を斜めに横切るかたちになります。この「河を横切る」ということに意味がありそうです。私には対岸から必死に漕いでくる龍舟の姿に、八重山のシツィ祭りで沖合から豊饒を乗せて来る舟漕ぎのようすが重なって見えました。

舟漕ぎはいくつかの組に分かれて二艘ずつ競い、勝ち抜きで優勝した漕ぎ手たちは街を歌を歌いながら練り歩き、道端の店に祝儀《しゅうぎ》をねだったりします。なかには通りすがりの車を止めて祝儀を求めているグループもいます。一種の無礼講《ぶれいこう》が許されているようです。糸満では、かつてハーレー船の漕ぎ手となる若者は若い女性の注目を集め、とくに舟の舳先近くに乗り、他の漕ぎ手のリーダー役となる「イチバンエーク」（一番櫂）は皆の憧れの的であったようです。そして、ハーレーギン（ハーレー船の漕ぎ手の衣装）を着た若者は、家々を訪ね、無礼講で酒食をねだっても許されたといいます。

海水で濡《ぬ》れた漕ぎ手の衣装はシリギンと呼ばれ、縁起のよいものとされたと前に述べましたが、シリ、スディルということばは、琉球列島では永遠の生命力、佳きことの表現とされています。生まれた子に名をつける儀礼で、海の小蟹《こがに》やバッタを子供の胸のところに這《は》わすのは子供の健やかな成長を祈る意味で、奄美から八重山まで行なわれた習慣でした。多良間島のスツウプナカには、若水をスディ水ということも前に述べました。このスディ水については宮古諸島の伊良部島に次のような神話が伝わっています。

大昔、天の神様がアカリャザガマという男を呼んで、「ここに水の入った桶が二つある。その一つにそれを浴びると常に脱皮して永遠の生命力をもつことができるスディ水が入れてあり、もう一つの桶にはただの水が入れてある。お前は地上に降りて行き、このスディ水を人間にあげなさい。他の桶の水は蛇に与えなさい」と命じた。アカリャザガマは神様のいうとおり、地上に降りて行ったが、桶をまちがえてスディ水を蛇に与え、人間にはただの水をあげてしまった。天の神様はとても立腹され、「お前はとりかえしのつかない大きな過ちを犯した。その罰として宇宙の続くかぎりこの水桶を担いで、あそこに立っていなさい」と、月に立つように命じた。月のなかに見える黒っぽい影は、そのアカリャザガマが水桶を天びん棒で担いで立っている姿なのだ。

この神話は、ロシアの言語学者で民俗学者でもある、ニコライ・ネフスキーが「月と不死」という論文のなかで紹介し、話題を呼びました。これと同じような神話が「変若水《おちみず》」の話として本土にあります。正月に若水を汲む習慣は現在でも日本各地に残っています。皆さんは正月の朝、若水を汲みに行ったことはありませんか。私は一九五〇年、中学生のころまで由緒《ゆいしょ》のある古い泉（カー）に正月の朝早く若水を汲みに行ったことがあります。誰も汲まないうちに新しい水を汲むのが良いと、暗いうちからでかけたのですが、いつも誰かに先を越されて悔しく思ったものです。

四月一三日、シーサンパンナの傣の正月は、「潑水節《はっすいせつ》」（水掛け祭）としても知られています。親しい者どうし、道を行く人にも子供たちが洗面器やバケツに汲んだ水を掛けるのです。田圃の泥水を掛ける子もいます。不意に水を掛けられても怒ってはいけません。水を浴びることによって災厄が流され幸福になるからです。傣の正月行事は、龍舟競漕、水掛け祭りのほかに、竹のロケットを空高く打ち上げる「高昇《こうしょう》」、紙製の熱気球に篝火《かがりび》を吊して上げる「孔明灯《こうめいとう》」など多彩ですが、琉球列島の民俗を学ぶものとしての私の視点からは、やはり、新暦（太陽暦）、旧暦（太陰暦）のいずれでもない暦による年の変わり目と、龍舟祭の結びつき、対岸から漕ぎ寄せる龍舟、競漕に勝って祝儀をねだる漕ぎ手たち、そして水掛け行事が興味を引きます。

第四章　染織・布・をなり神——女性の地位・役割・象徴

一　女性の仕事・役割

前章で述べた雲南の傣の人たちの龍舟祭で気づいたことに、もうひとつ、清水江のメオの龍舟と異なるものとして、「漕ぎ手が女性だけ」の龍舟があったことです。清水江では、龍舟に女性を乗せることは厳しいタブーでした。私は乗せてもらいましたが、同行の君島さんは拒否されたのです。傣の龍舟に女性が乗るのは新しい変化なのでしょうか。それとも女性の地位がメオと傣の社会では異なるのでしょうか。

新年を迎えた景洪の街は、いろいろな物売りが出て賑《にぎ》やかです。着飾った女性が連れ立って街を行きます。老若を問わず髪に花をさしているのが目立ちます。案内をしてくれた人が私に「女性が未婚か既婚かは、腰のベルトに鍵束《かぎたば》が下がっているかどうかでわかる」と言います。結婚した女性は、家の蔵などの管理をしているから、いつも鍵束を腰につけているのだそうです。

女性の社会的地位、役割あるいは男性と女性の関係は、地域や民族によっていろいろ異なります。中国でも漢族、傣、メオとでは異なると思います。私がタイ北部で見聞きしたのは、若い男女が結婚したばあい、男性のほうが女性の家もしくはその近くに移り住む、いわゆる「婿入り《むこいり》」の形をとる比率が高いということでした。日本のばあいも大昔はそれがふつうでしたが、いまでは、女性が男性のところに「嫁入り」するという比率が高いといえます。そのことと関連して、日本では子供の姓字は父親姓をつけることが一般的です。いま、日本では「夫婦別姓《べっせい》」、つまり男女が結婚したあとも、お互いに結婚前の姓（苗字）を名乗ることが話題になっています。シーサンパンナの傣はどうでしょうか。男性と同じように龍舟を漕ぐ女性たちを見て、漢族の社会に比べて、比較的男女は対等ではなかろうかと感じました。それについては別の機会に考えてみましょう。

ポーシリヤムでのできごと

家族や地域社会のなかでの「男女の役割」に関わる習慣の違いについても、いろいろ体験したことがあります。また、タイ北部の山地の話になりますが、ポーシリヤムというヤオの村に行ったときのことです。その村は国道から馬に乗って数時間もかかる山の中にあって、六〇—七〇戸ほどの比較的大きい集落でした。ポーシリヤムとは「四角い井戸」という意味で、集落の背後の山に自然のものとは思えない四角い深い穴がありました。一〇日ばかり滞在しましたが、そこで、微笑《ほほえ》ましくも何となく哀切なできごとが起きました。

一九七一年、私たちにとって第二次の現地調査に、石川県出身のKさんという大学院生にアシスタントとして加わってもらいました。彼は団長の白鳥さんのゼミのメンバーということでした。誰にでも親切でなにごとにも好奇心をもち積極的に動くという、フィールドワークに適した性格の人で、〝事件〟はKさんのそういう人柄《ひとがら》がひき起こしたとでもいえそうです。

ある日の午後、Kさんが村の中を観察しながら歩いていると、ある家の前でヤオの少女が一生懸命薪《まき》を割っているのに出会いました。ヤオの女性は働きもので、七、八歳にもなると、朝早くから母親の手伝いをし、十二、三歳には馬に荷物を積んで遠い畑にでかけたりします。その少女も、母親に言われて煮炊きの準備をしていたのでしょう。小さな体で斧《おの》を持ち、薪を割っているのを見て、Kさんは「ぼくがやってあげるよ」と斧をとって残った薪を全部割ってあげたのです。薪割りはここでは女性の仕事であり、また少女にとって、男性に仕事を手伝ってもらうことは、初めてだったのでしょう。じっとKさんの仕事ぶりを見つめていた少女は、突然後ろからKさんに近づくと、彼が腰に下げていた手拭《てぬぐ》いをサッと引き抜き、そのまま家の中に入ってしまいました。しばらくして少女が家から出てきたとき、手にはKさんの手拭いがあり、それを差し出しながらなにか言ったようです。おそらくお礼の言葉かなんかだろうと、Kさんは手拭いを受け取り、見ると手拭いの端にヤオ独特の刺繡《ししゆう》が施されておりました。そしてその夜、Kさんに少女から手紙が届いたのです。漢字で書かれたその手紙は、おそらく誰かに代筆を頼んだのでしょう。その手紙にはKさんへの思いが綴《つづ》られており、自分を日本へ連れて行ってほしいとも書いてありました。少女の名はM、一三歳でした。ヤオの結婚適齢期は女性で一六から一八歳、男性は一八歳から二一歳です。以前はもっと早かったようで、一三歳の少女でも、ふしぎはないことです。

女性からの愛の表現として織物が使われることは、前述のように手巾を贈るなど、かつて沖縄の風習にもありましたし、いまでも一般に、女性が手作りの編み物を好きな男性に贈るといったことがあります。ヤオの民族衣装に使われる刺繡は、いわゆるクロスステッチ（十字縫《ぬい》）の多彩な組合せで、その技術の巧みさが、女性としての器量《きりょう》を判断する基準になっています。三歳くらいの女の子が針と糸を持って、見よう見まねで刺繡を習い始める姿がよく見られるようなヤオの社会、そういう文化の中で、女性が自己の表現としての刺繡を施して、思いを相手に伝えるのはごくふつうのことかもしれません。

ヤオの少女から思いもよらぬラブコールを受けたKさんはどうしたでしょうか。もちろん日本に連れて帰るというわけにもいかず、少女の恋は実りませんでした。

ポーシリヤムの村を去るとき、私たちは全員馬に乗りました。それでも国道に出るまで半日の行程です。Kさんが乗った馬の手綱《たづな》を持っているのはあの少女でした。彼女は村境までKさんを見送る気持ちのようです。「はなむけ」とは、親しい人を送る馬のくつわをとる「馬の鼻向け」に由来する、日本にも古くからあることばです。村境を出て次の尾根にさしかかろうとしたとき、私たちの後を追うように聞こえてきたのは、少女のものと思われるヤオの歌声でした。

二　妹の力、をなり神信仰とアジア

第一章で「をなり神信仰」、すなわち姉妹が兄弟をその霊力で守護するという信仰について、それが日本だけでなく東南アジアにもつながっていることについて触れましたが、ここでは少し掘り下げて考えてみましょう。

四方を海に囲まれた島嶼世界に住む人間にとって、昔は海を旅することは命をかけることでした。沖縄で遠い旅に出ることをトータビ（唐旅）と表現しました。大陸に渡ることはある意味で死につながることであったかも知れません。私が六歳のころに祖父が亡くなりましたが、「オジイはトウに行った」と聞かされたものです。そういう船旅にでる男にとって、姉妹は守り神と思われたのです。

一六世紀から一七世紀にかけて編纂された琉球の神歌集『おもろさうし』の巻一三は「船ゑとのおもろ御さうし」、海を渡るときの舟歌を集めたもので、「ゑと」とは、あるリズムをもった歌のことだといわれています。そのなかに次の歌があります。

　吾がをなり御神の
守らてて　おわちやむ

やれ　ゑけ
又　弟をなり御神の
又　綾はべる　なりよわちへ
又　くせはべる　なりよわちへ

歌の大意は、「私のをなり神が、私を守ろうといらっしゃった。きれいな蝶に変身して」ということです。「やれ、ゑけ」は、船を漕ぐ掛け声かと思います。興味深いのは、「弟をなり御神」という語です。「をなり」は姉妹を意味し、「弟をなり」とは「妹」のことです。現代の方言でも、弟にあたるウットゥは、年下を意味し、ウットゥウナイは妹をさします。ことさらに妹をさしているのは、柳田国男さんの「妹の力」を連想させます。

はべる（蝶《チヨウ》、または蛾《ガ》）は霊魂の象徴とする観念で、これは私も子供のころからありました。とくに蛾についてはその思いが強かったようです。をなり神信仰の説明によく使われる「おもろ」のなかの歌、

船の高トモに
白鳥が居ちよん
白鳥やあらん
をなりうしじ

意味の「船の高トモに白い鳥がいるよ、白い鳥ではない、をなりの霊力の徴《しるし》である」は、をなり神が守護するこの船は安全に航海できるという乗組員の心情を表しているのです。

媽祖信仰

多良間島で次のような昔話を聞きました。

夫婦と息子、娘、四人家族がいて、父親と息子は漁に出た。母親と娘は家で仕事していたが、娘が昼寝をしていて突然夢にうなされ体を動かすので、母親が娘を起こすと、娘が言うには、いま夢のなかでお父さんとお兄さんが嵐に遭い溺れそうになっていて、お兄さんを助けたところでお母さんに揺り起こされたので、お父さんを救うことはできなかったと嘆いた。じっさいに漁から無事にかえってきたのは兄だけであった。

媽祖（天妃）像

同じような話は沖縄本島の国頭村《くにがみそん》の名護市、奄美諸島にもあります。ただ、娘が居眠りをするのが機織《はたお》り中のこととする別のタイプの話もあり、話が地方に伝わっていくあいだに、さまざまな要素が混じりあったものと思われます。

女性がその神秘的な能力を発揮して、夢のなかで遭難している父や兄を救うという話は、媽祖《まそ》信仰（あるいは天妃《てんぴ》信仰、香港では天后と呼ばれています）として、中国南部沿岸に分布していて、いずれも海で働く人々のあつい信仰の対象となっています。媽祖信仰の由来話の分布とその類型については、李献璋《りけんしょう》の詳しい調査研究の成果『媽祖信仰の研究』があります。

その話の基本的な型として分かれるのは、神秘的能力をもった女性が夢のなかで救うのは父であるか、兄であるかということです。琉球列島ではどうでしょう。多良間島の話は兄を救うタイプで、奄美、沖縄本島北部にもあります。逆に、父を救い兄は救えなかったというタイプもあり、それは沖縄本島の中南部にめだつようです。

中国の媽祖信仰の発祥地は、福建省の莆田市の沖にある湄《び》州島で、私も何年か前にその媽祖廟を訪れたことがあります。昔、閩の統軍兵馬使をつとめた林氏の六女が、霊力で海で遭難し苦しんでいる父親を救ったという話が全国にひろがり、媽祖や天妃、天后の廟があちこちに建てられるようになったということです。中国では父親を救うタイプが一般的のようです。

兄弟を救い、父親は救えなかったというタイプは、兄弟姉妹の宗教的な絆《きずな》を強調する「をなり神信仰」の反映であり、逆に父親を救うというのは、目上の者を尊重する「儒教的な倫理」を基礎にしたものと考えられます。沖縄本島にも父親優先のタイプがありますが、その地理的分布が、琉球王府の中心である首里・那覇を中心に本島中南部に偏っていることが明らかにされるならば、中央からの儒教倫理の浸透と深く関わると結論づけることができます。それには詳細な調査分析が求められます。
媽祖、天妃信仰は、一四世紀の中国との進貢、冊封関係の始まりで、大陸との交流が盛んになるにつれて交易船の乗組員を中心にひろがったと考えられます。かつて中国渡航の中継地であった久米島に媽祖廟があり、那覇には天妃廟が残っており、天妃町という地名もあります。媽祖の由来話、霊力ゆたかな女性が父親を救う話は、琉球列島にも伝わり、をなり神信仰とむすびついて兄弟を救う話に変容したと考えられます。

同じような昔話

民話や伝説など口碑《こうひ》伝承の研究は、日本でも中国でも活発ですが、同じような昔話が遠く離れた地域で見つかることもよくあることです。そのことから、文化の伝播を追究する研究もあります。また、タイの話ですが、ヤオの若者たちといっしょに私たちのベースキャンプのあるメーチャンの街で、映画を見に行ったことがあります。上映されたのは香港映画で、中国系の人々もいる地域ですから、字幕も漢字で出るので内容の理解はそう難しくはありません。映画の内容は中国の民間説話からとったものでした。その結末までは、はっきりと覚えていませんが、およそ次のような物語です。

昔、中国のあるところに、貧しい親孝行の男がいて、懸命に働いても暮らしは楽にならず、父親も死んでしまった。葬式を出す金もなく、彼は自分を金持ちに身売りした金でようやく父親の葬式を済ませた。その男の行動を天上から見ているものがいた。天帝の七人娘（北斗七星《ほくと》）の一人、下から二番目の娘で、彼女は地上の男の不遇な身の上に、同情しそれが恋心に変わったのだった。娘は父親の天帝に願い、地上に降り彼と出会い、結ばれた。そして二人で金持ちの家の召使として働くことになった。ところが、金持ちの家族は意地悪で、いろいろ難題――山と積まれた薪を一晩のうちに割るように命じたり、布をたくさん織るようになどを言い付けたりした。不遇な男と夫婦になった天帝の娘は、そのつど天に向かい、姉妹たちに助けを求めた。天から姉たちが降りてきて薪割りを助け、布織りをして難題を解決してくれた。

その映画を見終わったヤオの若者たちの反応は、「これと同じ話は、おれたちヤオにもあるよ」ということでした。そしてもっと驚いたことに、日本に帰ったあと、粟国島《あぐに》という沖縄本島の西の海に浮かぶ島にも似たような話が伝わっていることを知ったのです。このように類似した口碑伝承が、海を隔てた地域にある、ということは、なんらかの形で人々の交流があったことを示します。いつの時代に、どのように伝わったかは、これからの研究課題です。

一八世紀に、薩摩に渡る琉球の船が、航海安全の神、媽祖を船中に祀《まつ》っていたことはすでに述べました。そういう王府が公式に使うような大型の船に媽祖が祀られているのは理解できますが、ごくふつうの平民、とくに海での生業をもつ人々、漁師や船の水夫などのウミンチュも、媽祖を祀っていたかどうかが気になります。というのは、やはりウミンチュであった私の祖父や父親が、航海安全のためによく参詣していたのは、現在の宜野湾市にある普天間権現《ふてんまごんげん》でした。普天間権現は和歌山熊野の権現信仰との関係を説く記録もありますが、私が幼いころ母（一九〇九年生）から聞いた由来話は次のようなものでした。

昔、首里にとてもきれいな女性がいた。その美しさは近所はおろか遠い村まで知れわたっていた。しかし、彼女はいつも家の奥の部屋で機を織っており、誰もその姿を見た者はいない。近隣の若者たちはなんとかその美しさを見ようと、家のまわりを歩いていた。その女性に弟がいた。若者たちはその弟に取り入って、お姉さんを縁側まででも呼び出したらなにか褒美《ほうび》をあげようと言った。その誘惑にのって弟は大声で姉を呼んだ。弟に何が起こったのかと女性は機織りの手を休めて縁側《えんがわ》に出てきた。家のまわりの生け垣の隙間から、若者たちはその美しさを見て思わず声をあげた。人に姿を見られたとさとった女性はそのまま家を飛び出して、どこかへ行ってしまい、家中のものが探した。彼女は機織りの途中だったので、織り糸が家から外へ続いているのを見つけて、それをたどって行くと普天間の方へ向かったようであった。普天間の道すじには松並木があるが、その松に彼女の引いていった織り糸がからみ、松の木がいっせいに片方に傾いていた。彼女の神秘的な力がそうさせたのだ。その糸の行方をさらに追うと、普天間のガマ（洞窟《どうくつ》）に続いていた。皆はその洞窟の奥で一心に祈っている彼女を発見した。以来そのガマは、聖域として人々の信仰の対象になったということだ。

別の話では、この女性の姿を見るのは妹の夫になっていますが、この、弟が他人にそのかされたために姉が身を隠す話は、日本神話のスサノヲとアマテラスの関係に似ています。アマテラスはスサノヲの「をなり神」的な存在です。姉と弟という関係が物語の展開に重要な要素としてはたらいていることから、普天間権現への信仰は、をなり神信仰と重なるものと思います。

この普天間権現の由来話や、そこが漁民の崇拝を受けていることは、中国伝来の媽祖信仰とは別の文化だと思います。那覇の一漁村でサバニとよぶ小舟で近くの沖合で漁をしていた私の祖父や、まぐろ延縄《はえなわ》漁船で台湾近海まで出かけていた父が信仰してたのは、天妃ではなく普天間権現だったのです。母によれば、海の安全の祈願は普天間には行ったが、天妃は拝んだことがないとのことです。私が七歳か八歳のころ、めったに写真を撮らなかった祖父の写真が普天間権現にあると聞いて、それを見に行き、漁船の進水式の奉納写真に祖父が写っていたことを確かめた記憶があります。その途中、美女の織り糸で傾いたという松並木を見ましたが、傾いていたかどうか覚えていません。

天妃は、久米村の唐栄を背景とする官（公）の航海神であり、をなり神は海に出る兄弟を守る姉妹として、庶民、平民の信仰する航海の神であったとみることができます。

三　姉妹と兄弟の呪的な絆――東南アジア島嶼地域へのひろがり

女性のもつ霊的な力への信仰という点では、媽祖もをなり神も共通しています。しかし媽祖は親子の絆であり、をなり神は兄弟と姉妹の絆です。琉球列島の奄美から八重山まで、このをなり神信仰がみられるのですが、これは日本本土にも柳田国男の『妹の力』にみるように、かつては存在したと考えられます。私の勤める国立歴史民俗博物館の同僚である新谷尚紀《しんたにたかのり》さんは、人気を集めた葛飾柴又《かつしかしばまた》の寅《とら》さんシリーズの主人公、フウテンの寅こと車《くるま》寅次郎とその妹さくらの関係は、まさにをなり神の現代版であると指摘しています。

しかしながら、琉球列島の社会の仕組みを個性的なものとして、日本の文化のなかで際立たせていたをなり神信仰は、社会の変化とともに衰微または変質しつつあるようです。「をなり神」ということばそのものが日常生活から消え、若い世代はそういうことばの存在さえ知らないのです。信仰や日常からはなれ、民俗学や社会人類学の学術用語としての意味しかもたなくなったようです。かつて男性が遠い旅に出るとき、無事を祈るお守りなどを姉妹からもらうのがよいとされていました。そして、門中のところで述べたように、穀物の豊作を祈る家の祭りにも、他へ嫁いだ姉妹が兄弟のいる生家に戻ってきてその霊力で兄弟の幸を予祝したのです。たとえ結婚して妻がいる男でも、姉妹の霊力に頼ったのです。

をなり神信仰は、家族の中だけでなく、村のレベルでも、国家レベルでもみられます。集落のいちばん古い家、いわゆる「草分けの家」を、沖縄ではニーヤ（根家）と呼び、その家の当主（男）をニーッチュ（根人）、その姉あるいは妹をニガミ（根神）と呼びます。集落の祭りには、このニガミが祭りの運営をリードして、ニッチュはその補佐的な役割を担います。集落レベルでも姉妹が兄弟より霊的には強い立場に立つのです。また王家のレベルでは、王が政治的な支配権を握っているのに対し、その姉妹、ときには王妃が、聞得大君《きこえおおきみ》（名高い神女の意）として国家の祭りの主導者としての役割をもっていました。「おもろ」に、「きこえおおきみが、その霊力で王を支え守る」という内容を表すものがあります。

このようにしっかりと根づいた概念が変化する契機は、琉球の歴史のなかで幾度かありました。たとえば、一七世紀に入り、前述の日琉同祖論を説いた向象賢の『羽地仕置』などに見られるような儒教倫理の確立をめざす国策と、女性の祭祀上の権威の背景となる「をなり神」信仰とは、相反するものであったはずです。一六六六年、摂政になった向象賢は、古い慣習を改め新しい制度への転換をめざす政策をたてました。そのなかで目立つのは、国の政治から女性司祭の権威を基礎にした祭事を切り離すこと、迷信を取り締まること、それまで慣例であった国王の久高島《くだかじま》（琉球の開闢神話《かいびやくしんわ》につながる聖なる島と考えられた）への参詣を廃止し、本島からの遥拝《ようはい》にあらためることなど、宗教に関わることの改変です。第二章で述べた一六八九年の系図座設置に始まる父系原理の組織、門中の萌芽なども、向象賢の政策に沿うものでした。しかし、女性の祭祀上の優位、役割はいくぶん制限はされたとしても、門中組織の女性神役などは、伝統的な慣習を取り込んだものであり、人々の生活に根ざすような基層的な文化としてのをなり神信仰は生き続けたのでした。

明治政府による琉球王府の政治的権威をはっきりと否定した「琉球処分」を経て、廃藩置県による日本という国家体制への組み入れも、政府の旧慣温存政策により、信仰体系も急激な改変は行なわれなかったようです。琉球王国時代、王府から辞令書をもらって各地に君臨していた女性司祭「ノロ」の制度は、明治四四年から昭和一四年の三〇年間も、預金の利子として拝所の「祭典維持費」が支給されていたことを考えると、公的地位は大戦前まで存続したことになります（宮城栄昌『沖縄のノロの研究』）。

ノロの公的な制度は廃止されましたが、地域の人々の生活に根づいた祭祀行事の統括者としてのノロは存続し続け、地域によっては今も司祭者としての権威と役割を保持しています。糸満のハーレー行事で、一九九〇年代前半までは、糸満ノロが競漕の勝利者に祝福を与える司祭者としての権威をもっており、また塩屋のウンガミには、まだノロがその役割を果たしています。

男性に対する女性の祭祀上の優位を象徴するものとしてノロが存在し、その基盤として各家庭の祭祀に関わるをなり神、門中など血縁集団のをなり神としての女性神役などの組織は、戦後の一時期まで各地域にありました。しかし、農耕儀礼としての性格が強い村の祭りは、稲作から砂糖黍やパイナップルへと農業の形態が変わるにつれておとろえて、ノロを頂点にした地域の神役・祭祀組織も崩壊しつつあると言っても過言ではありません。そういう社会変化のなかで、家族のなかの信仰上の儀礼も、兄弟姉妹から夫婦を中心とするものに変わってきました。それは、をなり神信仰の衰微という形で出てきたのです。ある地域で、遠い旅に出るとき男は誰からお守りをもらうか、というアンケートなどをとったところ、かつては姉妹（をなり）からもらうという答えが多かったのですが、世代が若くなるにつれて「妻から」という答えが多くなったという調査報告が、それを表しています。

たしかに、今なおかすかに息づいている民俗行事のなかに、をなり神としての役割を果たしている女性たちがいます。けれども、ニライ・カナイ信仰など独自の民俗宗教的世界観を映し出す祭りの場面も少なくなり、儀礼を行なう神役、その地位を継承する者が出なくなっているのが現状です。一九六〇年代、琉球列島の島々には、をなり神がまだ生きていました。刈り入れたばかりの稲の初穂を供え、ウナイウブン（姉妹に捧げる供物）として、一家の主がご飯を大盛りにした膳《ぜん》を準備し、嫁に行った姉妹がをなり神として帰って来るのを待つ場面が見られました。現在は、かつてそのような場面を体験した私が、「伝承者」になりつつあるのです。

インドネシアの「をなり神」

爬龍船行事や年の変わり目であるシツィの舟漕ぎ儀礼を通して、私たちは琉球列島の民俗文化につながる世界を知りました。また、をなり神信仰と媽祖信仰との共通性や違いをみることができました。をなり神信仰は中国大陸の古い時代、紀元前約七〇〇年の春秋・戦国時代の社会にはどうだったのでしょうか。「妹の力」などの論考でをなり神の問題を提起した柳田国男の示唆をうけて、戦後そのテーマを発展させたのが馬淵さんですが、彼の薫陶《くんとう》を受けたひとりの女性人類学者が、インドネシアで

「をなり神」と遭遇したのです。

東京造形大学の鍵谷明子さんは、社会人類学者として長年インドネシアの社会研究を続けてきた人で、『インドネシアの魔女』というとてもすばらしい本を出版されました。彼女は東インドネシアの小スンバ列島の中のサブ島、ライジュア島という小さな島に二〇年近くも毎年訪れ、島の人たちと親密な関係を築きながら調査を続けてきました。その成果の一部を、このような魅力的な本にして出版されたのです。しかも、男性の視点からの分析が多いこれまでの社会人類学的報告とは異なり、女性としての見方や感性を駆使して、島の生活が生き生きと描かれた本です。

鍵谷さんは、をなり神信仰に関心をもちましたが、おそらく当時消えつつあった琉球列島のをなり神の調査に〝あき足らない〟思いを抱かれていたことと思います。その物足りなさを東インドネシアの小島で満たすほどの出会い——をなり神信仰という研究テーマとの出会いがあったと、鍵谷さんは感慨深げに述べています。

サブ島とライジュア島のをなり神信仰は、どのようなものでしょうか。それを理解するためには、それらの島がどのような地理的環境にあるかを知ることが必要です。鍵谷さんの本に、この二つの島に行く行程が記されています。日本からまずバリ島のデンパサールに飛び、翌日デンパサールから飛行機でチモール島、そしてそこから飛行機かフェリーでサブ島に着きます。ライジュア島まではさらに三時間の船旅です。サブ、ライジュア二つの島を隔てる海は波が荒く、季節によって強い風が吹き、島はときどき孤立します。しばしば小舟が遭難し、犠牲者も少なくないそうです。

この地理的環境は、「島嶼性」という点で先に述べてきた琉球列島と同じです。風が強く荒れる海は、外界との道を閉ざす壁になります。船旅はときには死を覚悟する旅になります。このような危険な旅に出るとき、琉球列島では「をなりの霊力（セジ）が守ってくれる」と信じ、前にも述べたように、男性は姉妹から手織りの手巾や櫛《くし》などをもらう習慣がありました。

サブ島では、男性が船旅に出かけるとき、かならず姉妹に知らせ、姉妹は手織りの絣《かすり》の布（イカット）を旅に出る男性に贈り、男性はかならずそれを持って旅に出るのです。もし男性が遭難し、死体があがらない場合でも、その贈った布が見つかれば死んだ男性の葬式をすることができるということです。この布には、姉妹とその兄弟である男性が属する「ウィニ」という母系集団の、集団ごとに独特の紋章が織り込まれているのです。サブ島では染織は女性のたいせつな仕事であり、若い女性たちが一人前に布が織れるようになると、まず自らの兄弟のために、母系集団ウィニの紋章を織り込んだイカットを織ります。そのイカットが、兄弟が死んだときその亡骸《なきがら》を包む死装束となります。そして自分の属する集団の仲間のために、さまざまな衣類を織り続けるのです。

ライジュア島では、兄弟が遠い旅に出るときや家を新築したときなど、「新しいことの始まり」の場に立つとき、姉妹は昔からのしきたりどおりに、布と鳥肉の料理などを持ってやって来ます。姉妹の手織りのイカットは、兄弟を守る強い霊力をもっていると信じられているのです。サブやライジュアは母系社会であり、その集団の仕組みは、父系集団である沖縄の門中とは逆になっていることにお気付きでしょう。インドネシアのこれらの島では子供は「母から」いろいろなものを受け継ぐのです。母と同じウィニ集団に入り、母の受け継いだ集団の紋章のデザインも、織る技術といっしょに「娘に」伝えられます。

バリ島のイカット（左）と沖縄読谷山花織（右）　ともに単なる布をこえて古くから霊的な力があるとされている

女性が造る織物や染め物、あるいは刺繡など、布に込められた意味はさまざまです。ヤオの少女が、その恋心を相手の持っていた手拭いの端に施した刺繡で表したこと、インドネシアのサブやライジュアの女性が、兄弟の旅路を守る霊力を込めて贈るイカット、それは単に「身に着ける物品」、自分の存在をきわだたせるためのファッションの道具としての機能だけでなく、いろいろなメッセージ、意味が込められた象徴、記号としての機能ももっているのです。そこでは、布を織ることは「商品」としての価値を作ることでなく、兄弟への思い、自分の属する集団を示すこと、さまざまな社会関係と関わる「自己の表現」なのです。布は、自分の社会的位置、自分をとりまくいろいろな人間関係の確認や証しとしての意味が大きいのです。兄弟と姉妹関係の絆は、布のもつ霊力によって強化され、確かめられるのです（一六五ページ図参照）。

母系と父系、社会の仕組み、組織原理は異なるものの、そこで琉球列島で消えつつあるをなり神信仰がこれほどしっかりと息づいているのをみたとき、鍵谷さんもおそらく感動をもって調査に取り組んだのだろうと思います。鍵谷さんは〝運命的なものを感じた〟と書いています。

インドネシアの織物、とくに絣は、その多彩な色彩とデザイン、ダブルイカットなどの技法などで私たちを魅了してやみませんが、バリ、スンバ、ロンボクと、島ごとの差異がさらに多彩な染織文化を生んでいます。鍵谷さんは〝経済的には貧しい〟島々にこのようにすばらしく多彩な染織文化があることの豊かさを、女性の感性でとらえようとしているようです。

久留米絣《くるめがすり》や伊予絣《いよ》など、日本にも地方色豊かな絣文化がありますが、日本に絣の技術がやってきた道筋「イカットロード」は、インドネシアやフィリピンなど南の地域から琉球列島を経て九州に至るとの説があります。そのような技術の文化とともに、織物に女性の思いを込める文化も日本に届いたのでしょうか。

民俗方位

琉球列島の南部の島々、宮古、八重山諸島にはウマヌパ（午《うま》の方向、南）あるいは巳《み》の方向（東南東）に神の国があるとの観念、もしくは信仰があります。多良間島では、ウマヌパヌ　ユーヌヌス（午の方のユーの主）という神が人々に豊饒をもたらすといわれており、波照間島では巳の方の神を崇拝するといわれています。この「南への志向」は、前にも述べた「ニライ・カナイ」と通ずるものですが、ここではるか南に「パイパティロー」と呼ぶ楽土、極楽の島があるという強い観念となり、かつて課されていたどんな人にも一人について一律に税をとりたてる「人頭税《じんとうぜい》」と呼ばれる苛酷な税金の苦しみから逃れるために、島人たちがその島をめざして脱出したという事件も起こしています。このような特定の方向へのあこがれに似た観念は、この列島を通り抜けた文化と関わりがあるのでしょうか。

周りが海であるという環境は、自然の（科学的な）方位と民俗的方位観に大きなずれを生むこともあり、それによる矛盾した民俗方位観が並存することもあります。宮古の池間島《いけまじま》では、自然方位と民俗方位は、九〇度のずれがあります。すなわち、北をイリヌヤー（西《イリ》の方）、東をニスヌヤー（北《ニシ》の方）、南をアガリニャー（東《アガリ》の方）、西をハイパラ（南《ハイ》側）と呼んでいます。これは島の人々が「神聖視する方位」と関係があるかと思います。池間島の人々が崇拝するウハルズウタキは集落の東（民俗方位は北）にあり、逆に墓地は西（同じく南）にあります。八重山の石垣島川平《かびら》では、ニランタフヤン（ニライ・カナイの大親）と呼ぶ豊作をもたらす神を迎える儀礼は、西の入江に面した拝所で行なわれますが、一方、キッガン（結願）と呼ぶ一年間の神への願いの成就を感謝する祭りに、女性神役たちがウタキ（拝所）からウタキへと移動するときにうたう歌に「東から来る船に果報《カフ》が積まれて」という歌詞があります。西からやってくる豊饒の神、東からやってくる幸を乗せた船というふうに、ひとつの集落に豊饒や幸のやってくる方位に、西と東の矛盾した観念が並存していることがあるのです。先に述べた、南に豊饒の主がいるとの観念がある多良間島でも、穀物の豊作に大きく関わる鍛冶《かじ》神は「まれびと」（本土の古語で客人を意味する「まろうど」は、まれびとが変わったものと言われます）として北の方から島づたいにやってきたという口碑があり、南を志向する観念と北からやってきた神への崇敬という対立する方位が並存しています。おそらく川平の「東」、多良間島の「北」は、比較的新しい観念なのかもしれません。

鹿児島からの船旅では、種子島、屋久島、吐噶喇列島、そして奄美諸島と、沖縄まで島が次々と見えて来ますが、沖縄と宮古の間は約三〇〇キロの距離があり、次の島がすぐには見えてきません。この隔たりが、言語学（方言の分布）、考古学、民俗学の分野で地域的なちがいを生み出していることは前に書きました。考古学の分野では、安里嗣淳《あさとしじゅん》さんが、フィリピンと南部琉球・宮古八重山地域で出土したシャコ貝を加工した貝斧の分析から、原始時代における両地域の文化交流の可能性を示唆しています。社会人類学の分野では、琉球列島の調査研究の成果とフィリピン研究の成果をふまえて、村《むら》武精一《たけせいいち》さんが八重山のウタキ（オン。拝所、聖域）を核とする村落の家々などの配置や、聖域を中心とする祭祀集団の組織のあり方について、フィリピン、ルソン島のボントック族の村落との比較を試みています。そのような試みは、まさに始まったばかりといえます。

おわりに――文化研究の視野

東シナ海と太平洋の間に、境界線を引くように琉球列島は連なっています。この地理的位置が琉球の島々の歴史や文化を考えるときの重要な鍵となってきたことは、これまで各章で述べてきたことで十分わかっていただけたことでしょう。東シナ海をはさんで互いに向かい合う地域は、文字に書かれた歴史以前から人々の交流があったと思います。そこには、現代のように「国家」というもので区切られて以後の交流よりおおらかな文化のふれあいがあったかもしれません。東南アジア大陸部に住む人々の移動の歴史や民族間の抗争の歴史をみても、また自己の文化を主張しつつ他の文化との共存、共生を実行している少数民族の現在をみても、国境線というものがいかに〝不自然で意図的〟なものであるかを実感させられます。

海を通路としての日本本土と琉球列島との交流は、縄文・弥生時代にも、私たちの想像以上のものがあります。古代の人たちの北上する黒潮の流れに逆らっての南下には、「ごほうら貝」を得るという目標があったことが、山口県土井《どい》ケ浜《はま》の遺跡などからの出土品（貝の腕輪）から証明されています。十四、五世紀ごろの東シナ海は、交易船の行き交う「道」でした。一四七七年に李《り》氏朝鮮の済州島《さいしゅうとう》の漁民が八重山の与那国島に漂着し、首里王府の手配で本国に送り帰されています。その途中、済州島の人たちは、西表島、波照間島、黒島、多良間島、宮古島に立ち寄っています。そのとき見聞したことは李朝政府に報告され、『李朝実録』（一七七九年、「成宗康靖大王実録」巻第一、百五）に記録されています。この記録は当時の琉球列島の人々の暮らしを記したものとして最古で、貴重なものです。それには那覇のようすが「市《いち》が開かれ、中国や南蛮《なんばん》の商品が売られている。唐の商人も瓦葺《かわらぶ》きの大きな商館を開いている。江南人、南蛮人もたくさんやってきて商いをしており、往来が絶えない」と記されています。その記事のなかの「唐人」は漢族、南京や北京の人のことでしょう。「江南人」は閩人か越（粤）人のことでしょうか。「南蛮人」は、現在の東南アジアの人をさすと思われます。当時の「国際的港町」であった那覇の賑《にぎ》わいを彷彿《ほうふつ》させる記事です。

一三九二年に始まった国費留学生・官生のほかに、私費留学生・勧学の制度もあったように、進貢貿易という公的な交易だけでなく、「私的な」貿易もあったということが、済州島の人たちが見た那覇のようすからもうかがえます。

済州島の人が那覇にいたころ、琉球王国の黄金時代を築いた尚真《しょうしん》が即位し、一四七九年、明の憲宗《けんそう》帝の冊封をうけています。尚真は一四七七年一二歳で即位し、五〇年在位しましたが、その間に仏教を奨励し、首里に円覚寺などの寺院を建立したのです。円覚寺の前に円鑑池を造り、そのなかに弁財天堂を建て、朝鮮李朝から贈られた方冊蔵経《ほうさつぞうきょう》を納めました。円覚寺や弁財天堂は国宝に指定されていましたが、沖縄戦で焼失しました。

朝鮮半島との交流と綱引き行事

琉球王国時代の歴史を語るとき、中国やシャム（現在のタイ国）などとの交易のことはよくとりあげられますが、朝鮮半島との交流についてはなかなか話題にのぼる機会がないように思います。沖縄の人々も、三十六姓や進貢貿易のことは比較的知っていても、朝鮮半島と琉球列島の文化の比較などは、これまであまりされなかったきらいがあります。けれども、先に述べた済州島の人たちが残した一五世紀のころの琉球の島々の記録は、朝鮮半島の人々の目を通した、一種の比較民俗論や文化比較論とも考えられます。そのころ、琉球の人々が朝鮮半島の文化を見聞していたら、どのような感想をこめた記録を残したことでしょうか。文化の比較は相互の目を通した形でなされると、より緻密《ちみつ》な比較ができるはずです。

一九八七年、私は韓国の光州《こうしゅう》を訪れ、光州博物館を見学することができました。そのとき博物館のエントランスホール正面の巨大なレリーフに、韓国の民俗行事の綱引きが描かれているのを見て、あまりに沖縄の綱引きに似ていることに驚きました。韓国の研究者も沖縄の綱引き行事を目にして、その類似を書いています。

綱引きは琉球列島のあちこちで行なわれる行事で、お盆のころや八月十五夜《じゅうごや》のころに行なわれますが、その綱の形や大きさは、見る者をひきつけます。とくに毎年一〇月一〇日の那覇祭に行なわれる「大綱引き」は、観光客の人気を集めています。先年その綱の大きさが『ギネスブック』によって世界一と認められました。一〇月一〇日は「体育の日」で国民の休日ですが、那覇市民にとっては、太平洋戦争中、一九四四年一〇月一〇日の米軍による大空襲で那覇市が壊滅した日でもあるのです。

那覇の綱引きをはじめ、琉球列島の綱引きの特徴の一つは、綱が雌綱《めづな》、雄綱《おづな》に分かれていて、その二つが合体して双方に引き合うことです。

綱引き行事は、その年の豊年、凶作を占う意味があり、また、雨乞いの意味も含むものと思われます。その吉凶の判断は、雌綱が勝つことで村に豊作が訪れると考えたり、海側、陸側に分かれて引き、陸に海からのユーを引っぱりこむということに意味を込めて、陸側の勝ちを善《よ》しとする見方もあります。この雌雄両方に分かれ、それが合体して幸を呼ぶという考え方は、おおらかな生殖の論理が表現されていて、雌雄の綱が若者たちに担がれて合体するときの村人たちのどよめきは、自然界と人間が一緒になった感動を表すものと見ることができます。

このような大規模で様式も類似した綱引きが、なぜ朝鮮半島南部と琉球列島に見られるのかについては、まだ十分にわかっていません。このような綱引きの分布も、東南アジア地域まで広げて調べてみたい課題です。東南アジアの歴史研究に大きな足跡を残された山本達郎さんは、東南アジア大陸部に類似の綱引きがあることを述べられています。

韓国と琉球列島の歴史的・文化的関係は、文献資料の世界をすこし散策するだけでも、興味ある事柄が見つかりそうです。済州島には、島の最高峰「漢拏山《ハルラサン》に登り南を眺めると、琉球が見える」という伝承があると言われています。一五世紀に琉球列島の南の端まで漂流した人々の記憶が、いまだに息づいているからでしょうか。

琉球の家譜と朝鮮半島の族譜

私が韓国の社会に強い関心を寄せているのは、第三章でも述べた、沖縄の門中という父系の血縁で結び付いている集団とよく似た「韓国の門中集団」についてです。まず注目したいのは、韓国の門中もその生成の歴史的な過程が身分制度の確立と関連し、文化の背景として、中国・漢民族の儒教倫理や姓制度の受容があるという点です。私は、沖縄の家譜と韓国の「族譜《ぞくふ》」の比較を中心に、二つの異なった社会における門中というものの類似点と相違点を考えてみました。

まず、族譜と家譜の共通点は、漢文で書かれていることです。沖縄の家譜は部分的にかな書きが混《ま》じることがある以外は、漢文です。韓国の族譜も、漢文に不慣れな人のためにハングル文字による訳文がついていることがあります。

つぎに、沖縄の家譜編纂は、明治以前の琉球王府の「系図座」という役所の管轄統制のもとで編纂され認定されたものが基本です。それ以外の個人の編纂によるものや、職業的な系図屋などに作らせたものは、家譜資料とは言えないこともあります。韓国の場合は、それぞれの門中集団で、自分たちで定期的に族譜の研究者を含めた〝委員会〟などを組織し、厳密な考証を重ねて編纂しているのです。

家譜に記された個人の業績や来歴は、童名、唐名、字号、出生の順序、生年月日、没年、墓所などで、そのほかに、一生のうちで得た官職、中国や日本渡航記録まで記載されています。韓国の族譜は、個人の記載事項としては業績、字号、生年月日、官職名、その人物にかかわる碑文、詠んだ詩文、没年、墓所などです。記載されるのは、男性が中心であり、それぞれの人物の配偶者（女性）の本貫《ほんかん》（祖先の出身地）、姓、父の名、生年月日などを記載したものもあり、女性は末尾に書かれる傾向があります。

韓国の社会では、日常生活においても世代の違いつまり長幼、目上かどうかが、対人関係の場で強く意識されます。そのことが男子の名前の付け方に反映して、族譜にもそれが見られます。つまり、門中のところで述べたいわゆる「輩行制」――同じ一族のなかの成員（男性）は、世代によって同じ字を用いた名前を付け、その字を見るだけで、「自分と同じ世代か父の世代の者か」が判断できるシステムが見られます。一族のなかで、年齢は自分より下であるが、名前に含まれた世代を示す字である「輩字《はいじ》」から、その人物が「上の世代」であることがわかる場合があり、その場合は、その人物を、年齢は下であっても「おじさん」と呼ばねばならないのです。

この輩行制、輩字の慣習は、家譜を見るかぎりにおいて、中国からの渡来して来た人々の末裔である沖縄の唐栄の人々の家譜も認められます。しかし、それ以外の、那覇や首里系の家譜には、このような強い世代原理は見られません。同じ一族、同門であることを示す名乗り頭の習慣は、沖縄には現在の命名の方法にも生きていますが、この慣習は、韓国には見られません。

かつての琉球王国では、家譜、中国的な姓をもつかどうかで士族と平民に区分されました。この、家譜と姓が「上層の社会に限られる」様式は、李朝も琉球王国も同じでした。琉球では、明治時代に廃藩置県をきっかけに、この家譜と中国的姓の制度は廃止されました。しかし、その王国時代の名残である家譜が、現在も門中の結束の象徴的な役割を果たしていることは、ある意味で、いまなお長幼関係を重んずる韓国の社会と通ずるものがあるように思えます。

これまでの琉球列島の文化の歴史を考える姿勢には、いつも「日本本土へのまなざし」あるいは、「中国大陸への思い入れ」がありました。その反面、韓国・朝鮮半島へ目を向けることは、これまでの琉球と朝鮮半島の交流の歴史から考えると、いささか足りなかったという反省があります。しかし幸いにも、近年琉球から韓国をとらえようとする機運が高まってきています。

「アジア」を理解する

琉球の島々の連なりが、東シナ海の南北に、あるいは東西に通り過ぎて行ったいろいろな文化の通り道であったならば、その島々の文化のひとつひとつには、アジアの文化を探る糸口がひそんでいると考えられます。そう理解するとき、琉球の島々の文化は、決して辺境の文化ではなく、広くアジアの文化を理解するための重要な鍵という位置づけが与えられるのです。

この本のタイトルを「沖縄からアジアが見える」としましたが、私はここで、文化の系統論や伝播論を書いたつもりはありません。小さな島の文化が、大きな歴史の流れのなかで「どのように自らを守り主張しようとしたか」を考えてみることが、これから必要になってくるだろうとの思いから、中国や東南アジアでのわずかな私の体験のなかで、常に自分の文化、自分の育った地域の歴史を振り返り、反芻《はんすう》しながら、見聞したアジアの、とくにマイノリティーの人々の生活を紹介したつもりです。

中国大陸では、多数である漢民族文化との接触のなかで、いかに少数の人たちが自らのオリジナリティー、アイデンティティーを保っているかを見てきました。また東南アジアの山のなかでは、抑圧された歴史をもつ人たちが、沖縄が日本に帰ったことに共感し、我がことのように「よかったね」と握手してくれた手の温《ぬく》もりはいまも覚えています。逆に、一九六六年にフィリピンから沖縄に帰ろうとしたとき、マニラのアメリカ大使館で「沖縄行きの」ビザを取るように言われたときの複雑な思いは忘れられません。「自分の家に入るのに隣の人の許しを乞《こ》うようなものだ」と感じた気持はいまも残っています。一九七一年のバンコクでも同じ思いをしました。私がフィリピンやラオスで会った人々は、第二次大戦中の体験を語ってくれました。そこでは、立場はちがうものの「戦場になった地域」という体験を共有する者同士の交流があったのです。香港では、私が漁師の子であることを知ってから、お互いの情報交換が始まりました。私は民俗学や社会人類学のフィールドワークと呼ばれるものも、「情報交換」、つまりお互いにお互いのことを良く知ることだといつも思っています。そのような交流のなかで私は、あらためて「自らの文化を掘り下げ、理解する」ことの大切さを知ったのです。このような私の体験が、皆さんのアジア理解の助けになれば幸いです。

この小著を書くに当たり、沖縄の民俗について情報をいただいた玉木順彦さん、民俗行事の写真を提供くださった国吉真太郎さんにあつくお礼を申し上げます。さらに、一つ一つあげませんでしたが、多くの方々の貴重な研究を参考にさせていただいたことを記し、深く感謝の意を表します。また企画、編集の労をとられた編集部の後藤耀一郎さんはじめ、岩波書店の皆さんに感謝致します。

一九九九年六月

比嘉政夫

琉球・沖縄略年表

西暦	事　　　項
605	隋《ずい》の煬帝《ようだい》，朱寛《しゆかん》を「流求《りゆうきゆう》」に派遣.
608	この頃から，「南島人《なんとうじん》」日本の大和朝廷に入貢.
710	奈良遷都.
1187	舜天《しゆんてん》，沖縄島中部地方の「世《よ》の主《ぬし》」になるという.
1192	鎌倉幕府成立.
1260	英祖《えいそ》，沖縄島中部地方の新しい「世の主」になるという.
1296	元《げん》の侵入軍，沖縄島に来襲し撃退されるという.
1317	密牙古《みやこ》（宮古）の島民，東南アジア交易におもむく途中，中国に漂着.
1326	この頃，山北（今帰仁《なきじん》）・中山（浦添）・山南（島尻大里）の対立はじまる（三山時代）.
1338	室町幕府成立.
1349	察度《さつと》，中山の「大世《おおよ》の主《ぬし》」となり勢力を高めるという.
1368	明朝，元《げん》朝にかわり中国を支配.
1372	明朝のさそいに応じて，察度，使者を立て入貢（進貢貿易のはじまり）.
1380	山南，明朝に入貢.
1383	山北，明朝に入貢.
1392	中国人の集団（閩人《びんじん》三十六姓），琉球中山に帰化.
1404	明からはじめての冊封使来る．シャム王国の船，交易のため琉球に来航.
1406	尚巴志《しようはし》，浦添の中山王武寧《ぶねい》を滅ぼし首里に城をかまえる.
1416	中山の尚巴志，今帰仁城を攻略し山北を滅ぼす.
1425	尚巴志，シャム王国に交易船を派遣.
1428	パレンバンに交易船を派遣.
1429	尚巴志，山南を征服して沖縄島を統一（第一尚氏王朝）.
1430	ジャワへ交易船を派遣.
1431	尚巴志，朝鮮と正式の国交をひらき交易.

1439	泉州に琉球館.
1451	尚 金福《しょうきんふく》, 那覇の内海に長虹堤《ちょうこうてい》（海上道路）を築く.
1458	護佐丸《ごさまる》・阿麻和利《あまわり》の乱おこる.
	琉球の繁栄を刻んだ「万国津梁《ばんこくしんりょう》」の鐘つくられる.
1459	内間金丸《うちまかねまる》, 対外交易の長官（御鎖之側《おさずぬすば》）に任ぜられる.
1463	マラッカ王国へ交易船を派遣.
1466	琉球の友好使節団, 室町幕府の将軍に謁見後, 祝意を表するため門外で火薬をならし京都の人々をおどろかす.
1470	内間金丸, 第一尚氏王朝を滅ぼして新王朝をひらき, 尚円《しょうえん》と号する（第二尚氏王朝）.
1472	福州に琉球館.
1477	済州島の漁民, 与那国島に漂着.
1492	円覚寺《えんかくじ》建立.
1498	パタニとの交易はじまる.
	15 世紀後半, 三絃伝来したという.
1500	尚 真《しょうしん》, 宮古を服属させ, また八重山のオヤケ・アカハチの乱を平定し先島《さきしま》地方全域を支配.
1511	ポルトガル, マラッカ王国を滅亡させアジア侵出の拠点をかためる.
1531	古謡集『おもろさうし』第 1 巻編集.
1534	中国（明朝）皇帝の派遣した冊封使, 陳侃《ちんかん》一行琉球を訪問.
1543	種子島にポルトガル船, 鉄砲を伝える.
1553	那覇港に屋良座森城《やらざもりじょう》をもうけ, 海防態勢をととのえる.
1570	シャムに最後の交易船.
1579	首里城門に「守礼之邦」の額をかかげる（守礼門）.
1592	豊臣《とよとみ》秀吉, 朝鮮出兵に対して琉球王国に協力を命ずる.
1600	関《せき》ヶ原《はら》の戦いで東軍勝利.
1603	江戸に徳川幕府成立.
1609	薩摩《さつま》の島津家久《しまづいえひさ》, 家康の出兵許可により兵馬 3000 名余を派遣し琉球王国を征服.
1611	薩摩藩, 琉球の生産力を調査する. また, 与論島以北の奄美大島《あまみおおしま》地方を琉球より割取し,「掟《おきて》十五条」を令達.

1614	薩摩藩，船舶の出入りを厳重に監視するよう琉球に命ずる．
1623	古謡『おもろさうし』（全22巻）の編集をおわる．
1631	薩摩藩，琉球王国の監督機関として在番奉行《ざいばんぶぎょう》を那覇に常駐させる．
1634	慶賀使《けいがし》・恩謝使《おんしゃし》（江戸上《えどのぼ》り）の制はじまる．
1637	宮古・八重山に人頭税《じんとうぜい》を課する．
1644	清《しん》朝，明朝にかわり中国を支配する．
1650	向象賢《しょうじょうけん》（羽地朝秀），『中山世鑑《ちゅうざんせいかん》』をあらわす．
1667	向象賢，日本芸能の素養を身につけるよう令達．
1689	王府に「系図座」創設．
1711	識名盛命《しきなせいめい》，おもろ語辞書『混効験集』を編集．
1719	玉城朝薫《たまぐしくちょうくん》の組踊《くみおどり》作品，はじめて上演．新井白石『南島誌』をあらわす．
1728	蔡温《さいおん》，三司官《さんしかん》（宰相）となる．
1734	文学者平敷屋朝敏《へしきやちょうびん》ら，政治犯として処刑．
1771	大津波，宮古・八重山を襲い多くの被害．
1798	首里に国学を創建し，上級士族の子弟教育にあたらせる．
1816	イギリス海軍のアルセスト号・ライラ号，中国からの帰途琉球に来航する．ライラ号の艦長バジル＝ホールは帰国の途中，セントヘレナのナポレオンに会い琉球について語る．
1840	アヘン戦争で清やぶれる．
1844	フランス海軍のアルメール号来航し，キリスト教の宣教師を滞在させる．
1846	ベッテルハイム，フランス軍艦に乗り那覇を訪れ，キリスト教の布教活動に従事．
1853	ペリー，アメリカ海軍をひきいて那覇に来航し，首里城を訪問．
1854	プチャーチン，ロシア軍艦により来航．
	ペリーふたたび来航し，琉球王国とのあいだで琉米修好条約を締結．
1866	尚泰《しょうたい》，清朝の冊封をうける．これが最後の冊封となり，尚泰は琉球王国の最後の国王となる．
1868	徳川幕府が倒れ，明治国家が成立（明治維新）．
1871	宮古島民，台湾に漂着，54名が原住民に殺害される（台湾遭難事件）．

1872	明治国家，琉球王国を廃して「琉球藩」を設置.
1874	清へ最後の進貢船．台湾問題で日清議定書.
1878	琉球藩民の清国渡行に外務省の旅券が必要となる.
1879	明治国家，琉球を日本の領域に編入するために「琉球藩」を廃し「沖縄県」を設置（琉球処分）．これに対して琉球の士族層抵抗する.
1880	琉球処分に対し清国から厳重な抗議があり，前アメリカ大統領グラント将軍の調停で琉球の分割案まとまる.
1881	明治国家，沖縄県の統治を旧制度の温存・利用によって実現する態度をかためる（旧慣温存政策）．県庁を首里から那覇へ.
1893	沖縄最初の新聞『琉球新報』創刊.
	宮古島の農民，人頭税の廃止を帝国議会に請願.
1894	日清戦争により清国が敗北したため，沖縄の反日勢力急速に力を失う.
1898	謝花昇《じやはなのぼる》を中心とする勢力，政治的不公平の是正を要求して沖縄県庁，旧勢力との対立を深める．徴兵制施行.
1903	土地整理事業おわり，新しい土地制度・租税制度スタート.
1909	初の沖縄県会議員選挙.
1911	伊波普猷，沖縄研究の古典『古琉球』を発表.
1914	第1次世界大戦おこる.
1919	衆議院議員選挙法，はじめて沖縄県に完全適用.
1928	この年，沖縄で労働者の争議多く発生.
1938	国民精神総動員沖縄実行委員会ひらかれ，軍国主義的な戦時体制強化.
1940	沖縄方言論争おこる.
1941	太平洋戦争おこる.
1944	アメリカ軍の大空襲をうけ，那覇など大被害をうける（10.10空襲）.
1945	アメリカ軍上陸し，日本軍と激戦，多くの住民がまきこまれて死傷（沖縄戦）.
	日本，ポツダム宣言を受諾して無条件降伏.
1946	GHQ司令官マッカーサー元帥，日本と南西諸島の行政分離を宣言.
1949	中華人民共和国成立.

1950	朝鮮戦争おこる.
1951	サンフランシスコ平和条約第3条により，沖縄はアメリカの施政権下におかれる.
1956	アメリカの軍事基地建設にともなう土地収用策に対し，土地をまもるたたかいが高揚する.
1960	沖縄の日本国への復帰を要求する運動たかまり，沖縄県祖国復帰協議会結成.
1961	柳田国男『海上の道』刊行.
1967	祖国復帰運動，反戦平和運動高揚する.
1969	日米共同声明発表され，1972年5月15日付をもって沖縄の施政権を日本へ返還が合意.
1971	沖縄返還協定に抗議する沖縄県民の運動高揚する.
1972	5月15日，沖縄の施政権，アメリカより日本へ返還.

『沖縄からアジアが見える』の背景とは

渡邊欣雄

この本の著者、比嘉政夫（一九三六〜二〇〇九年）。まずは本書の内容を理解するうえで欠かせない、著者の略歴を追ってみたいと思う。

沖縄県那覇市の漁師の家に生まれる。琉球大学文理学部国文科卒。在学中、仲宗根政善教授の薫陶を受けて沖縄方言研究に目覚める。卒業後は東京大学の著名な言語学者・服部四郎教授の下で研究生として方言研究を深めるとともに、本書の基本的視点ともいうべき「社会人類学」の存在をそこで知る。やがて東京都立大学大学院に進んで、社会人類学を専攻する。この大学院では東アジア（沖縄、台湾）、東南アジア（インドネシア）研究で知られた馬淵東一教授に師事。こうして比嘉は、これまでの沖縄のみを対象にした研究を改め、広くアジアに類例を求めるという視点を培うことになる。

大学院修了後は高校教員を経て、琉球大学の社会人類学専任教員に就任する。そして二一年間の研究教育職を終え、国立歴史民俗博物館教授兼民俗学研究部門の研究部長に就任する。琉球大学では社会人類学を教え、国立歴史民俗博物館では民俗学部門の長となったわけだが、ここに本書の見方、考え方の特徴が見て取れるだろう。すなわち本書は方言学、社会人類学、民俗学の考え方、とくに後者二つの視点から描かれていることが大きな特徴だということである。

定年退職後は沖縄に戻り沖縄大学教授、同大学地域研究所所長、沖縄民俗学会会長、その他数々の沖縄研究に関する役員になっていた。われわれ後進の者が非常に悔しく思うのは、すべての専任職を退いた後、なお比嘉はグローバルな沖縄研究を進めようとして私設の「琉球・アジア地域研究所」を開設していたことである。二〇〇八年、研究所開設、その翌年逝去という経歴になってしまった。

ここに紹介する比嘉政夫は、わたしと学問を同じくしてきた社会人類学の先達であり民俗学の先輩である。かれ自身、この二つの学問分野から、この本を書いていることを何度も述べているが、それはこの本に一貫している独特な見方、考え方があるからだ。本書を著した動機として、かれは以下のように語っている。

私は、沖縄に生まれ、自らの文化を学び、さらにアジアの地域の文化を学ぶ者としての視点から、アジアの人々のなかで見聞したことをふりかえりながら、自分の身につけた文化の意味を考えてみたいと思います。

ここに示された「自分の身につけた文化」の研究そのものは、まさに「民俗学」の名で広く普及した学問となっており、だから比嘉もまた自分が生まれた「沖縄」という自分の文化の研究に深く携わってきた。本書の考え方が「沖縄文化を通してアジアの諸文化を知ること」にあるのも、こうした民俗学に発する学問の動機によっているし、他と比較しつつまた自分の文化を深く顧みることも「民俗学」の特徴になっている。

しかし本書の題名にあるように「沖縄からアジアが見える」、いや「見ようとして他の文化を理解しようとする」学問、それが社会人類学の領域に属するといえる見方だ。結局、本書は自分の文化を何回も顧みるのだが、自分の故郷と基本的には同じになる日本文化を見るというよりは、自分とは基本的には異なるはずの文化、すなわち日本以外の東アジア、東南アジアの諸文化を積極的に理解しようとすることが、本書の最大の目的であり特色になっている。自分が幼い頃から身につけてきた沖縄文化から、類似していることがわかっている日本文化を理解しようとするのではなく、むしろ他のアジア、日本とは違ったアジアを理解しようとするのだが、それはいったいなぜなのだろうか。

そもそも沖縄には歴史上、薩摩藩による琉球侵攻（一六〇九年）があり、薩摩藩に支配されて以降、琉球国の政治家だった羽地《はねじ》朝秀《ちょうしゅう》（向象賢《しょうしょうけん》）が唱えた「日琉同祖論」が存在していた。そして、この種の考え方が、戦後の日本に引き継がれて唱えられていた。戦後日本の「日琉同祖論」ともいうべき柳田國男の『海上の道』（一九六一年）、すなわち日本人の祖先は稲作文化を携えて中国南部から琉球列島を経て北上したという説は、その代表例で、当時の日本学術界への影響力の強い学説だった。しかしこの日本人北上説は現在、考古学上否定されており、比嘉もまたこの説に批判的だった。

日本人北上説が唱えられた当時、まったく別の主張が社会人類学の分野で唱えられていた。それはアメリカ人類学者T・W・マレッキーの指摘だった（『民族学研究』二七巻一号、一九六二年）。すなわち沖縄は、マライ・ポリネシア系の人々が住みついたのではないかという仮説である。この主張も証拠に乏しい説で、だから比嘉はこの説によって本書を書いているわけではない。しかしこの説が与えた比嘉への影響は、「日琉同祖論」より格段に大きかった。要するに近現代の「日琉同祖論」では「日本の古俗の残る沖縄」、「単に日本の一地域や偏差にすぎない沖縄」という沖縄観が基礎になっていたのに対し、民族や国境を越えて広く「マライ・ポリネシア」などに開かれた文化のある沖縄、したがって日本本土とは異なる独自性のある沖縄という発想そのものが、比嘉に大きな魅力を与えたのである。比嘉自身の言葉によると、アジアを見て沖縄を考えるということは、「沖縄の独自性を見直し」、「本土の民俗学の概念から抜け出す」ことを意図できるものだった。言い換えれば、本土中心の「日本民俗学」から沖縄やアジアの諸文化を見るのではなく、「沖縄民俗学」から沖縄や諸文化を見ようとすることなのだ。比嘉は以前から、そう主張していた（『沖縄民俗学の方法』新泉社、一九八二年）。

では比嘉が実地見聞したアジアの諸文化に、なぜひときわ関心を寄せて本書を公刊したのだろうか。それはアジア各地の人々と、自分が代表する沖縄人との生活感覚の驚くほどの一致である。たとえばかれは、「中国の食事も、沖縄の家庭で食べる料理に近いものがあり、市場で売られている食品に那覇の公設市場を思わせるものがあった」といい、「中国の料理にそれほどの距離を感じない」とも述べている。比嘉自身が感じた沖縄とアジアとの類似性であり、それが味覚だった。また、「タイの古都アユタヤの遺跡の城壁に這っている蔓草の実を取って匂いを嗅いでみると、それは八重山竹富島の石垣などに生え、香辛料として使われているヒハチモドキの実の匂いと同じだった」と語っている。まさにこれは、臭覚の一致ということになる。さらに、「タイのリス人の村で泊めてもらって寝ていると、どこからか沖縄の三線《サンシン》(沖縄三味線)の音が聞こえてくる。音源に近づいてみると、それはリス人の青年が弾いている三弦の楽器だった。沖縄の音楽に聞こえたのは、その音色のせいだった」という。ここでは比嘉は、彼我の聴覚の一致を経験していたのである。

むろん生活感覚のなかでも視覚的な一致や類似は数多く、本書の題材の中心でさえある。たとえば「タイ北部で人々の生活を観察し体験していく過程で、『あ、これは子供のころ見たことがある、やったことがある』と懐かしく感じるものに幾度か出会った」というような体験。比嘉は、このような体験を「原風景」と呼んでいる。こうした原風景を文化の基層や核として、その類似性をアジアに求めようとしたのが本書の基本的姿勢だった。

こうした比嘉にとっての原風景や味覚、臭覚、聴覚を通しての沖縄とアジアとの類似性があるからこそ、どう感じたかだけでなく類似性の背後にある、アジアのどの地域、どの人々の文化がどのように似ているのか、どうして似ているのかなど、さまざまな例をあげて比較しながら考察する。むろん類似性だけでなく、沖縄とアジア各地域との違いにも触れている。こうして総じて沖縄文化との比較のために例にあげるアジアとは、基本的には比嘉自身がそこに赴いて体験してきた現地であり、その論証のために数々の歴史資料や他の研究者の報告例をも用いている。

比嘉が関心をもって体験し、本書で沖縄との比較の対象とした地域は東アジアと東南アジアだ。東アジアは主として中国大陸各地だが、日本本土や韓国にも触れている。東南アジアはタイ北西部山岳地帯やインドネシアなどだが、中国大陸の東南アジアとの国境地帯に住む諸民族との比較も行っている。

本書で取り上げているテーマは、なんと言っても沖縄文化を特徴づけている文化要素で、比嘉自身が積極的に研究開発してきたテーマだった。第一章「日本のなかの琉球列島」で紹介しているのは、日本史上の沖縄方言の扱いについてである。公には使用禁止だった沖縄方言は実際多くの日本本土各地の方言と類似しており、日本各地の方言と同根だったことなどがわかる。この点は、比嘉の早期の学習成果だった。第二章「中国大陸の文化と沖縄」では、沖縄から中国への留学生の足取りを追体験したことに始まり、「石敢当《いしがんとう》」（石造の魔除け）、「シーサー」（屋根獅子）、「ヒンプン」（門前の遮蔽垣）などから、姓や身分制度、さらに沖縄の親族組織である「門中《ムンチュウ》」という父系一族の成立・発展に対する中国の影響と、沖縄の独自性を解説している。

第三章「東南アジアへのまなざし」では、インドネシアと沖縄の音感の類似性に始まり、沖縄との異同を比較できる年中行事にも触れている。特徴的なのは、東アジアから東南アジア各地で行われている舟漕ぎ行事の、詳細な内容の異同に関する解説だろう。第四章「染織・布・をなり神」では、舟漕ぎ行事で女性だけの漕ぎ手がある雲南省傣《タイ》人の例を手始めとして、古くは日本本土、そして中国や東南アジアにも認められた女性の地位と役割について比較検討している。とくに注目したのは、沖縄の「をなり神信仰」との類似性である。「をなり神」とは姉妹が兄弟を守護する守護神的存在＝姉妹神だという信仰である。だから兄弟は旅立ちや出征に際して、この姉妹神に安全を守ってもらう習慣が広く認められた。類似した信仰や習俗は、中国の媽祖《まそ》信仰、インドネシアの織物の織り手とその贈与関係に認められるという。

その他、本書で試みられている数々の沖縄文化とアジア諸文化との比較は、日本本土を視点とした比較とは、まったく別の発見をもたらすだろう。わたしも沖縄文化と世界とを比較するような試みをしてきたし（『世界のなかの沖縄文化』沖縄タイムス社、一九九三年）、大学教育のうえで日本本土と世界との比較も試みてきた。結果、両者の比較内容は同じにはならなかった。沖縄文化に独自性がある所以である。

本書を通じて、わたしは読者に、沖縄文化が日本本土のみならずアジア各地に開かれた文化であることをまず理解していただきたいと思っている。そしてアジア各地との比較を通して、沖縄文化そのものの個性、独自性をぜひ知ってほしいと思っている。それが本書を著した著者の、最大の願いだったのではなかろうか。

（東京都立大学名誉教授）

本書の原本は、一九九九年に岩波書店より刊行されました。

著者略歴

一九三六年　沖縄県に生まれる
東京都立大学大学院社会学研究科博士課程修了。琉球大学教授、国立歴史民俗博物館教授、沖縄大学教授を歴任
二〇〇九年　没

〔主要著書〕
『沖縄民俗学の方法』（新泉社、一九八二年）、『沖縄の門中と村落祭祀』（三一書房、一九八三年）、『沖縄の祭りと行事』（沖縄文化社、一九九三年）、『沖縄を識る』（歴史民俗博物館振興会、一九九八年）、『沖縄の親族・信仰・祭祀』（榕樹書林、二〇一〇年）

読みなおす
日本史

沖縄からアジアが見える

二〇二一年（令和三）十一月一日　第一刷発行

著　者　比《ひ》嘉《が》政《まさ》夫《お》
発行者　吉川道郎
発行所　株式会社　吉川弘文館
郵便番号一一三―〇〇三三
東京都文京区本郷七丁目二番八号
電話〇三―三八一三―九一五一〈代表〉
振替口座〇〇一〇〇―五―二四四
http://www.yoshikawa-k.co.jp/
組版＝株式会社キャップス
印刷＝藤原印刷株式会社
製本＝ナショナル製本協同組合
装幀＝渡邉雄哉

ISBN978-4-642-07168-0

読みなおす日本史

刊行のことば

現代社会では、膨大な数の新刊図書が日々書店に並んでいます。昨今の電子書籍を含めますと、一人の読者が書名すら目にすることができないほどとなっています。ましてや、数年以前に刊行された本は書店の店頭に並ぶことも少なく、良書でありながらめぐり会うことのできない例は、日常的なことになっています。

人文書、とりわけ小社が専門とする歴史書におきましても、広く学界共通の財産として参照されるべきものとなっているにもかかわらず、その多くが現在では市場に出回らず入手、講読に時間と手間がかかるようになってしまっています。歴史の面白さを伝える図書を、読者の手元に届けることができないことは、歴史書出版の一翼を担う小社としても遺憾とするところです。

そこで、良書の発掘を通して、読者と図書をめぐる豊かな関係に寄与すべく、シリーズ「読みなおす日本史」を刊行いたします。本シリーズは、既刊の日本史関係書のなかから、研究の進展に今も寄与し続けているとともに、現在も広く読者に訴える力を有している良書を精選し順次定期的に刊行するものです。これらの知の文化遺産が、ゆるぎない視点からことの本質を説き続ける、確かな水先案内として迎えられることを切に願ってやみません。

二〇一二年四月

吉川弘文館

読みなおす日本史

時計の社会史　角山　榮著　二二〇〇円
漢　方　中国医学の精華　石原　明著　二二〇〇円
墓と葬送の社会史　森　謙二著　二四〇〇円
悪　党　小泉宜右著　二二〇〇円
戦国武将と茶の湯　米原正義著　二二〇〇円
大佛勧進ものがたり　平岡定海著　二二〇〇円
大地震　古記録に学ぶ　宇佐美龍夫著　二二〇〇円
姓氏・家紋・花押　荻野三七彦著　二四〇〇円
安芸毛利一族　河合正治著　二四〇〇円
三くだり半と縁切寺　江戸の離婚を読みなおす　高木　侃著　二四〇〇円
太平記の世界　列島の内乱史　佐藤和彦著　二二〇〇円
白　隠　禅とその芸術　古田紹欽著　二二〇〇円
蒲生氏郷　今村義孝著　二二〇〇円
近世大坂の町と人　脇田　修著　二五〇〇円
キリシタン大名　岡田章雄著　二二〇〇円
ハンコの文化史　古代ギリシャから現代日本まで　新関欽哉著　二二〇〇円
内乱のなかの貴族　南北朝と「園太暦」の世界　林屋辰三郎著　二二〇〇円
出雲尼子一族　米原正義著　二二〇〇円
富士山宝永大爆発　永原慶二著　二二〇〇円
比叡山と高野山　景山春樹著　二二〇〇円
日　蓮　殉教の如来使　田村芳朗著　二二〇〇円
伊達騒動と原田甲斐　小林清治著　二二〇〇円

吉川弘文館
（価格は税別）

読みなおす
日本史

日本の奇僧・快僧　今井雅晴著　二二〇〇円

平家物語の女たち　大力・尼・白拍子　細川涼一著　二二〇〇円

戦争と放送　竹山昭子著　二四〇〇円

「通商国家」日本の情報戦略　領事報告を読む　角山　榮著　二二〇〇円

日本の参謀本部　大江志乃夫著　二二〇〇円

宝塚戦略　小林一三の生活文化論　津金澤聰廣著　二二〇〇円

観音・地蔵・不動　速水　侑著　二二〇〇円

飢餓と戦争の戦国を行く　藤木久志著　二二〇〇円

陸奥伊達一族　高橋富雄著　二二〇〇円

日本人の名前の歴史　奥富敬之著　二四〇〇円

お家相続　大名家の苦闘　大森映子著　二二〇〇円

はんこと日本人　門田誠一著　二二〇〇円

城と城下　近江戦国誌　小島道裕著　二四〇〇円

江戸城御庭番　徳川将軍の耳と目　深井雅海著　二二〇〇円

戦国時代の終焉　「北条の夢」と秀吉の天下統一　齋藤慎一著　二二〇〇円

中世の東海道をゆく　京から鎌倉へ、旅路の風景　榎原雅治著　二二〇〇円

日本人のひるめし　酒井伸雄著　二二〇〇円

隼人の古代史　中村明蔵著　二二〇〇円

飢えと食の日本史　菊池勇夫著　二二〇〇円

蝦夷の古代史　工藤雅樹著　二二〇〇円

天皇の政治史　睦仁・嘉仁・裕仁の時代　安田　浩著　二五〇〇円

日本における書籍蒐蔵の歴史　川瀬一馬著　二四〇〇円

吉川弘文館
（価格は税別）

読みなおす
日本史

鎌倉幕府の転換点 『吾妻鏡』を読みなおす
永井 晋著 二二〇〇円

奈良の寺々 古建築の見かた
太田博太郎著 二二〇〇円

日本の神話を考える
上田正昭著 二二〇〇円

信長と家康の軍事同盟 利害と戦略の二十一年
谷口克広著 二二〇〇円

軍需物資から見た戦国合戦
盛本昌広著 二二〇〇円

武蔵の武士団 その成立と故地を探る
安田元久著 二二〇〇円

天皇家と源氏 臣籍降下の皇族たち
奥富敬之著 二二〇〇円

卑弥呼の時代
吉田 晶著 二二〇〇円

皇紀・万博・オリンピック 皇室ブランドと経済発展
古川隆久著 二二〇〇円

日本の宗教 日本史・倫理社会の理解に
村上重良著 二二〇〇円

戦国仏教 中世社会と日蓮宗
湯浅治久著 二二〇〇円

伊達政宗の素顔 筆まめ戦国大名の生涯
佐藤憲一著 二二〇〇円

武士の原像 都大路の暗殺者たち
関 幸彦著 二二〇〇円

海からみた日本の古代
門田誠一著 二二〇〇円

鳴動する中世 怪音と地鳴りの日本史
笹本正治著 二二〇〇円

本能寺の変の首謀者はだれか 信長と光秀、そして斎藤利三
桐野作人著 二二〇〇円

餅と日本人 「餅正月」と「餅なし正月」の民俗文化論
安室 知著 二四〇〇円

古代日本語発掘
築島 裕著 二二〇〇円

夢語り・夢解きの中世
酒井紀美著 二二〇〇円

食の文化史
大塚 滋著 二二〇〇円

後醍醐天皇と建武政権
伊藤喜良著 二二〇〇円

南北朝の宮廷誌 二条良基の仮名日記
小川剛生著 二二〇〇円